走进"一带一路"丛书

浙江省社科联社科普及课题（20KPD29YB）

太极旗飘扬的国度
韩　国

刘　璐 编著

Republic of Korea

浙江工商大学出版社
ZHEJIANG GONGSHANG UNIVERSITY PRESS
·杭州·

图书在版编目(CIP)数据

太极旗飘扬的国度：韩国 / 刘璐编著. — 杭州：
浙江工商大学出版社，2021.4
（走进"一带一路"）
ISBN 978-7-5178-4320-7

Ⅰ. ①太… Ⅱ. ①刘… Ⅲ. ①韩国—概况 Ⅳ.
①K931.26

中国版本图书馆 CIP 数据核字(2021)第 026007 号

太极旗飘扬的国度——韩国
TAIJIQI PIAOYANG DE GUODU——HANGUO

刘　璐　编著

责任编辑	王　琼
封面设计	林朦朦
责任校对	韩新严
责任印制	包建辉
出版发行	浙江工商大学出版社
	（杭州市教工路 198 号　邮政编码 310012）
	（E-mail：zjgsupress@163.com）
	（网址：http://www.zjgsupress.com）
	电话：0571-88904980，88831806（传真）
排　　版	杭州朝曦图文设计有限公司
印　　刷	杭州高腾印务有限公司
开　　本	880mm×1230mm　1/32
印　　张	5
字　　数	126 千
版 印 次	2021 年 4 月第 1 版　2021 年 4 月第 1 次印刷
书　　号	ISBN 978-7-5178-4320-7
定　　价	49.80 元

序

6年前,刘璐作为我最小的学生开始了她的博士生涯,3年的求学生涯练就了她严谨、认真的学术态度和坚韧、顽强、锲而不舍的学术精神。我非常理解她这些年的艰辛付出与努力。毕业后,她致力于韩国学研究,研究方向的改变曾使她迷茫过、彷徨过,但无数个挑灯夜读的努力,成就了这本书的问世,见证了她执着探索的精神。

浙江省委、省政府在《浙江省参与丝绸之路经济带和21世纪海上丝绸之路建设实施方案》中提出,要人文先导、经贸跟进,加强与“一带一路”沿线国家的人文交流活动,积极宣传“美丽浙江”,讲好“中国故事”,推广我省丝绸文化、陶瓷文化、海洋文化、宗教文化。刘璐同志认识到,浙江文化“走出去”是浙江省对外开放战略的重点工程。因此,这本书从大家熟知的韩国文化现象入手,通俗生动、图文并茂、雅俗共赏地探讨和剖析韩国人渗透于衣食住行之中的独特民族精神、民族文化和民族精华;同时,立足于浙江,挖掘朝鲜半岛历史中与浙江有关的史实资料,并以科普类解说为方法,分析浙江与朝鲜半岛文化传输与海上交往的历史关系。

此书通过探讨韩国的民族精神、民族文化以及浙江省与韩国的历史交流和当今合作,为浙江人赴韩旅游、留学、投资等提供多方面的介绍,对浙江文化“走出去”战略和“一带一路”建设具有重要意义。

对于刘璐而言,这本书的出版仅仅是一个开始,韩国学研究的路还很长,要学习的知识还有很多。尽管未来可能还有很多未知的因素限制她的发展,但我相信,她会克服每一个困难,锲而不舍,迎难而上,实现她的人生规划和梦想。

金永寿

2021 年 1 月 8 日

‖目 录‖

开篇

大韩民国(Republic of Korea)简称"韩国"。韩国的地理位置大致为北纬 33°—43°,东经 124°—132°。韩国地处亚洲东部的朝鲜半岛南部,西部与中国胶东半岛隔海相望,南部穿过南海向太平洋延伸,东南隔朝鲜海峡与日本相望,东临日本海,北面与朝鲜民主主义人民共和国相邻。韩国的领土面积为10.329 万平方千米(中华人民共和国外交部网站更新于 2021年 3 月),约为朝鲜半岛总面积的 4/9。

韩国的主要民族为朝鲜族,属于黄色人种东亚型。韩国统计厅发布的《2021 韩国社会指标》显示,2020 年韩国总人口为5182 万人,位居世界第 28 位。从人口分布来看,自 1960 年以来,韩国经济迅速发展,韩国人口逐渐向首都圈大城市移动。到 1975 年,其城市人口达到总人口的 52%。首尔地区由于人口的过度集中,产生了交通拥挤、环境污染等问题,大多数人口逐渐向京畿道地区转移。据统计,截至 2020 年 12 月,首尔特别市总人口为 967 万人,首尔周边京畿道的总人口为 1343 万人(韩国统计厅,2021 年 1 月),首尔及其周边地区聚集了全国约 2/5 的人口。

说起韩国,似乎每一个中国人都是熟悉的。韩国综艺、电视剧、化妆品、泡菜、烤肉、现代汽车、足球等,都为我们所熟知。我们似乎对韩国文化了解甚多,其实我们对韩国的认知仅限于此,未必了解韩国的真正面目。

韩国经历了历代外敌侵略和战争,以及被日本殖民统治的

35 年。这些痛苦的记忆塑造了韩国人怎样的民族性格？

　　韩国的街道上跑的都是其国产汽车，韩国烤肉店里的国内产牛肉比进口牛肉更贵。这些处处可见的生活小事体现了韩国人怎样的民族精神？

　　韩国在建国初期为了振兴全国经济实施了财阀体制，为什么到现在为止，韩国财阀都对韩国的政治、经济和文化等各个方面有着极其深远的影响？

　　韩国的整形技术起源于伤员的面容修复手术，当时并没有成为健康人求美的途径。那么，如今韩国的整形文化为什么如此流行，韩国国民为什么对整容的态度如此开明？

　　韩国人同中国人一样，都是注重礼节和礼貌用语的国家，但韩国的礼仪和礼貌用语更为庞大、烦琐。例如，韩国语中有一个体系发达的敬语体系，这也是韩国语区别于其他语言的最大特征。那么，为什么韩国的礼仪系统如此庞大，礼貌用语如此繁杂？

　　但愿此书接下来的章节能满足人们的好奇心，带领大家了解真正的韩国，走进韩国的生活与文化，体验韩国人的喜怒哀乐。

上篇

韩国的前世

古朝鲜文明起源

朝鲜半岛历史上最初建立的奴隶制国家叫作"朝鲜",为了与后世的"李氏朝鲜"区分开,一般称"古朝鲜"。朝鲜意为"朝日之鲜",因为朝鲜半岛位于亚洲大陆的东部,能更早地看到太阳,才取此美名,后来被明太祖朱元璋钦定为李氏朝鲜的国名。

古朝鲜檀君神话

朝鲜半岛上的文明是如何兴起的,古朝鲜又是何时建国的呢?韩国和朝鲜都存在"檀君朝鲜"一说,而檀君朝鲜其实是朝鲜半岛上的一个传说。

檀君神话是古朝鲜的建国神话,也是其始祖神话。檀君神话载于《三国遗事》《帝王韵纪》《东国李相国集·东明王篇》《朝鲜世宗实录·地理志》等,其内容大同小异。檀君神话流传至今,对朝鲜和韩国都影响较深。

檀君神话在《三国遗事》中的有关记载如下。

古记云:昔有桓因,庶子桓雄,数意天下,贪求人世……雄率徒三千,降于太伯山顶神檀树下,谓之神市,是谓桓雄天王也。将风伯、雨师、云师,而主谷、主命、主病、主刑、主善恶,凡主人间三百六十余事,在世理化。时有一熊一虎,同穴而居,常祈于神雄,愿化为人。时神遗灵艾一炷、蒜二十枚曰:"尔辈食之,不见日光百日,便得人形。"熊、虎得而食之。忌三七日,熊得女身,虎不能忌,而不得人身。熊女者无与为婚,故每于檀树下咒愿有孕。雄乃假化而婚之,孕生子,号曰檀君王俭。以唐尧即位五十年庚寅,都平壤城,始称朝鲜。又移都于白岳山阿斯达……御国一千五百年……后还隐于阿斯达,为山神,寿一千九百八岁。[1]

　　古时候,天神桓因有一个儿子叫桓雄。桓雄不是嫡子,没有继承父位的资格,于是想下凡。桓因知道后就选定了三危、太白二地,并给了桓雄三个"天府印"作为天上神仙的标识。桓雄率领三千人马,降落到太伯山(即今天的妙香山,属朝鲜)上的一株神檀树下,建立"神市",自称"桓雄天王"。桓雄设置了"风伯""雨师""云师"等官职,主管农业、疾病、刑罚、善恶等 360 多件人间大事。当时,有一熊和一虎同住于一个洞中,它们渴望化为人身,于是经常向桓雄天王朝拜祈祷,请求天王把它们变成人。桓雄天王见它们如此虔诚,就给了 1 炷艾和 20 头蒜,叫它们吃下去,并且告诉它们:"吃下这些东西,不要见日光,100 天之后就可以变成人身了。"熊照办,于是只蹲了 21 天,就提前变成了一个女人;虎没有照办,所以没能变成人。熊变的女人没有配偶,就去祈求桓雄大王,希望自己可以受孕生子。桓雄天王决定帮她一把,就与熊女结婚,生下了一个儿子,取名王俭,即檀君。这个王俭,就是古朝鲜的开国君主。据说他在尧帝五十年(前 2333)即位,以平壤为都城建立了王俭城,在位1500 年。后来隐居阿斯达,成为山神,活到 1908 岁。

---

　　① 　一然著,孙文范等校勘:《三国遗事:校勘本》,吉林文史出版社2003 年版,第 30 页。

檀君神话自古以来口耳相传,各时期都加以润色,最后载于 13 世纪的《三国遗事》,流传至今。檀君神话的内容丰富,历史悠久,从侧面反映了古朝鲜从原始公社向阶级社会过渡的历史阶段,为了解古朝鲜历史提供了重要的资料。

有一种观点认为,古朝鲜居民主要由濊(wèi)族和貊(mò)族构成,是东亚古代的农耕民族。濊族和貊族在古文献中有时合起来称为濊貊族①,是同属一族的两个支系,有着密切的联系。貊在中国古代指一种熊形动物(有时指今日的大熊猫),因此天神之子与熊女婚配诞生檀君,可以看作濊貊族与朝鲜本土民众融合并建立文明的一种象征。

朝鲜史学界还有观点认为,"桓因"是佛语,意味着"天"。神话中,"桓雄"和"檀君"都是"桓因"的子孙,与"天"有着密切的关系。这是神化自己祖先的一种手段,是敬天思想的反映。而神话中出现的"天王""风伯""雨师""云师"等名称,反映出当时已经出现阶级分化和公共权力机构。"桓雄天王"是古朝鲜的最高统治者,"风伯""雨师""云师"是"天王"之下的官吏或权力机构的名称。"主谷""主命""主病""主刑""主善恶",反映出在出现阶级分化的情况下,为维持社会秩序而采取了各种管理措施。另外,神话中出现的与天文气候相关的风、雨、云,以及谷物、艾蒿、大蒜等农作物,说明当时农业在人们的生产活动中占据着重要的地位,而且农业生产水平较高。

箕子朝鲜

古朝鲜人崇拜檀君,视其为神的存在。随着朝鲜和韩国作

---

① 据古文献记载,当时由濊貊族构成的国家还有扶余,以今中国吉林省农安县为中心发展起来,最后(494)被高句丽所灭。

为独立国家的民族思想逐渐兴盛,檀君在其国民心中的地位越来越重要。韩国曾一度使用檀君纪年,即以传说中檀君王俭定都平壤的公元前 2333 年为元年,并且把檀君建立国家的 10 月 3 日定为开天节,举行盛大的活动祭祀檀君。

1993 年 10 月,朝鲜宣称在平壤市江东郡大朴山脚下发现了檀君的陵墓,从而认为檀君是历史上确实存在的朝鲜文明的创始人,随后为之建立了规模宏大的檀皇陵,成为朝鲜人心目中的圣地。韩国学界和政界为了确立国家的正统性,一直要求以正式历史记载取代以神化形式记述的古朝鲜建国历史。于是,在从 2007 年开始采用的韩国新编初中、高中历史教科书中,以神话形式记录的古朝鲜建国史变成了正式的历史,称“檀君王俭建立了古朝鲜”。

抛开神话中的檀君,中国的学者更倾向认为,朝鲜半岛上最早的文明古国是由中国商朝末年商纣王的叔父箕子建立的。箕子名胥余,因为他的封国在箕,所以称为箕子。箕子与比干、微子并称为商纣王时期的“三贤”。因为商纣王暴虐无道,比干被挖心肝,箕子和微子出走。箕子带着商代的礼仪和制度到了朝鲜半岛北部,被那里的人民推举为国君,并得到中国后面建立的周朝的承认,史称“箕子朝鲜”。

箕子入朝鲜之后,教授当地居民礼仪以及农耕、养蚕、织作技术,实行“八条之教”(也称“犯禁八条”),以教化当地居民。《三国遗事》记载:“周武王即位己卯,封箕子于朝鲜,檀君乃移于藏唐京。后还隐于阿斯达,为山神,寿一千九百八岁。”《汉书·地理志》也有记载:“殷道衰,箕子去之朝鲜,教民以礼仪、田蚕织作,乐浪朝鲜民犯禁八条。”

箕子“八条之教”的全部内容如下:其一,“相杀,以当时偿杀”;其二,“相伤,以谷偿”;其三,“相盗者,男没入为其家奴,女子为婢,欲自赎者,人五十万";其四,"妇人贞信";其五,"重山川,山川各有部界,不得妄相干涉";其六,"邑落有相侵犯者,辄相罚,责牲口、牛、马,名之为'责祸'";其七,"同姓不婚";其八,"多所忌讳,疾病死亡,辄捐弃旧宅,更造新居"。

箕子率众族由早期国家文明高度发达的殷周故地迁居到古朝鲜后,与当地居民和睦相处,使处于原始社会末期的各部落氏族组织化、秩序化,并逐渐形成了古代国家的雏形。基于此,有史书将箕子朝鲜作为朝鲜半岛上的第一个王朝。

据说箕子朝鲜经历 40 余世,将近 1000 年,一直到汉朝初年才灭亡。迁居古朝鲜的殷人后族最终与当地的原住民融合成一体,形成了一个具有中原华夏民族与古朝鲜原住民双重血缘的新部族,渐渐与中原王朝的习俗、文化制度等产生了区别,创造了有别于中原王朝文化形态的独特文明。

卫满朝鲜

汉高祖刘邦统一天下之后,开始清除异己。燕王卢绾心怀不安,于是投奔北方的匈奴。当时,他手下有一个部将卫满一同前往。之后,卫满独自带领 1000 多人进入朝鲜,向东逃出边塞,渡过汭水,投奔箕子朝鲜。卫满率领部属刚来朝鲜时,请求箕子王朝的第 41 代国君箕准让自己居住在朝鲜西界,收揽中原亡命者作为朝鲜的藩屏。箕准宠信他,于是把西部方圆百里的地方封给卫满,希望卫满在朝鲜的西北方边界镇守,与汉朝的辽东郡相邻。然而卫满是个很有政治野心的人。他以封地为依托,不断招引汉人流民,趁机收编扩充自己的军队,政治、经济力量不断强大。

公元前 194 年,羽翼丰满的卫满欺骗箕准,假传汉朝要派10 万大军来进攻的消息,请求到箕准身边守护。箕准不知是诈,许诺了卫满的请求。于是卫满趁此机会,率军向其王都王俭城(今朝鲜平壤)进发。后来卫满击败箕准,箕准带领身边数千人从海路逃往朝鲜半岛南部的韩地。箕准逃走后,卫满一举攻占王都,自立为王,建立了卫满朝鲜(或称卫氏朝鲜)。

卫满朝鲜建立后,为了巩固自己的政权,其对周边的诸侯国进行侵略、招降,将真番、临屯等诸侯领土并入自己的版图。于是,卫氏势力逐渐强大,领地扩大到方圆数千里。

卫满死后,王位传到了卫满之孙卫右渠之手。卫右渠时期,为阻挠邻近部族与汉朝沟通,"东方各国"与汉朝的通路被切断。

汉武帝怀疑卫右渠暗中和匈奴来往,派使者涉何去交涉。涉何向卫右渠提出严重警告。但卫右渠不听,也不肯奉汉朝为宗主国。涉何未能达成任务,怕遭受汉武帝惩罚,回程中将送行的朝鲜大臣杀死,然后向汉武帝报告斩杀了朝鲜的将领。汉武帝大喜,封涉何为辽东东部都尉。卫右渠大怒,出兵杀害涉何。

于是,公元前109年,汉武帝派楼船将军杨朴率领7000人从山东乘船渡过渤海,左将军荀彘率5万大军由陆路经辽东,两路夹攻朝鲜。朝鲜军队浴血奋战,战况日益恶化,汉军最终包围了王俭城。卫满朝鲜发生内讧。朝鲜大臣见情势紧急,共同谋杀卫右渠而向汉军投降。于是,卫满朝鲜灭亡。

南部三韩

朝鲜半岛真番郡以南,即汉江以南,早在北部箕子朝鲜时代,就存在部族社会。中国文献最早称之为辰国。辰国在卫满朝鲜之时,曾欲与汉王朝直接交往,却被卫满朝鲜阻绝。

三韩之称最早出现在《后汉书》中,其"东夷传"条曰:"韩国三种,一曰马韩,二曰辰韩,三曰弁韩。"

三韩位置虽有争论,但大体上马韩位于今韩国京畿、忠青、全罗道地方,辰韩、弁韩则分布在庆尚道的洛东江流域一带。

马韩在其他两韩的西边,由五十几个部落国组成。这些部落国,大的有万余户,小的只有几千户,总共十几万户人家。各部落组成联盟,推举目支国的酋长为领袖。虽然马韩在社会生产方面落后于辰韩与弁韩,但氏族部落人口最多,英勇善战,所以辰韩与弁韩都受马韩族人的统治。居住在半岛中南部的马韩人是势力最大的原住民部落,他们的生活状态显然与弁韩、辰韩人有着极大的不同。

辰韩在马韩之东,有 12 个部落,相传是古时候为了躲避秦朝统治的中国人,亡命来到此地建立的国家,所以也称为"秦韩"。由于当初辰韩的土地是向马韩借用而获得的,所以辰韩同意不由自己选任领袖,而由马韩人担任辰王。因此,目支国王是马韩及辰韩的共主。

弁韩在辰韩的南部,也有 12 个部落,言语风俗和辰韩也有不同。最显著的特征是男女都有文身的习俗,与当时的倭国(日本)类似,极有可能是从倭国渡海而来的。

百济与新罗的建立

根据《三国史记》[①]记载，新罗、百济都在西汉晚期开始建国，新罗建于公元前57年，百济建于公元前18年。从地理位置来说，新罗和百济在朝鲜半岛南部（北部为高句丽，南北各自独立发展）。

百济的建立

关于百济的起源，有两种说法。第一种说法是，百济是由马韩中的伯济小国发展而来的。伯济是马韩的众多城邦之一，势力日益强盛之后挑战目支国，成为马韩的领袖国。第二种说法是，朱蒙的儿子温祚大约于汉成帝鸿嘉三年（前18）在今韩国首都首尔附近建立了百济国。

根据《三国史记》和《三国遗事》的记载，百济的始祖是温祚。温祚和沸流是高句丽建国始祖朱蒙逃离扶余，到了卒本地区后与当地首领延陀勃的女儿召西奴结婚所生的两个儿子。而朱蒙在扶余生的儿子，也就是后来的琉璃王在到达高句丽后，找到了自己的亲生父亲朱蒙，并顺利继位。沸流和温祚无法与同父异母的兄长琉璃王争位，于是两人率部众南下至慰礼城（今韩国首尔）。温祚在此建城，并立国号为“十济”。但是沸

---

① 《三国史记》是其第一部正史，记载了从公元前57年到公元935年，总共将近1000年的朝鲜半岛古代历史。

流认为临海而居更好,于是在弥邹忽(疑为今韩国仁川广域市)建城。可是弥邹忽的盐水和沼泽对于大多数人来讲难以忍受。与此同时,慰礼城的百姓却努力生产,安居乐业。最后沸流因羞愧而自杀,弥邹忽的百姓因环境恶劣无法居住,于是都搬迁到慰礼城。温祚也高兴地接纳了他们,并以百姓安乐为意,改国号为"百济"。温祚因为父亲来自扶余,因此百济王族便以"扶余"为姓氏。

百济统治范围在朝鲜半岛西南部,东与新罗为邻。百济国早先以汉江流域一带的慰礼城为中心发展,后来相继迁都熊津(今韩国忠清南道公州市)、泗沘城(今韩国忠清南道扶余郡)。在鼎盛时期,百济的疆土曾囊括西朝鲜(除了平安北道和平安南道)的绝大部分地方,最北到平壤。百济曾是海上的强国,通过海路与其他政权进行政治和贸易往来。到1世纪中叶,百济已成为较大的封建国家。660年,百济被新罗和唐朝的联军灭亡。

新罗的建立

公元前57年,朴赫居世居西干(君长)在金城(今韩国庆州一带)创建新罗,国号为"徐那伐"(或称徐罗伐)。新罗最初是由辰韩的12个部族国家之一——斯卢部族发展而来的。斯卢部族共有及梁、沙梁、本彼、渐梁(弁梁)、汉祇和习比6个村庄和家族,因此也被称为斯卢六部。

新罗的建国神话在《三国遗事》《三国史记》《帝王韵纪》中均有记载。《三国史记》中的相关内容如下。

　　始祖,姓朴氏,讳赫居世。前汉孝宣帝五凤元年(前57)甲子四月丙辰(一日正月十五日)即位,号居西

干,时年十三,国号徐那伐。先是,朝鲜遗民分居山谷
之间为六村:一曰阏川杨山村,二曰突山高墟村,三曰
觜山珍支村(或云干珍村),四曰茂山大树村,五曰金
山加利村,六曰明活山高耶村,是为辰韩六部。高墟
村长苏伐公,望杨山麓萝井傍林间,有马跪而嘶,则往
观之,忽不见马,只有大卵。剖之,有婴儿出焉,则收
而养之。及年十余岁,岐嶷然夙成。六部人以其生神
异,推尊之,至是立为君焉。辰人谓瓠为朴,以初大卵
如瓠,故以朴为姓。居西干,辰言王(或云呼贵人
之称)。①

据《三国史记》记载,新罗最初是由辰韩六部发展而来的。
其中高墟村的村长苏伐公在树林中发现有马跪地长鸣,前往查
看之时,马忽然不见了,只见地上有一只大卵,一个婴儿破壳而
出。六村人觉得这很神奇,便把这个婴儿抚养长大。到赫居世
10多岁的时候,六村人便推举他为君长。因为赫居世破壳而出
的卵像瓠一样,而当地语言中的"瓠"读音与"朴"相同,所以赫
居世便以"朴"为姓。赫居世被认为是朝鲜半岛常见的朴姓的
祖先。

新罗通过制定身份等级和官阶品阶来巩固封建统治阶级
的地位。新罗的统治者是以国王为首的封建贵族、官僚和地
主。新罗贵族实行代代世袭的骨品制,根据家门出身把贵族分
为圣骨、真骨、六头品、五头品、四头品5个等级。其中,圣骨是
可以继承王位的最高身份。贵族的身份登记骨品与官阶和官

① 金富轼著,孙文范等校勘:《三国史记:校勘本》,吉林文史出版社
2003年版,第1—2页。

职密切相关。新罗的官阶制有 17 个品阶,并根据不同骨品等级分别定出担任官阶和官职的级别。

新罗在建国初实行贵族民主政治制度,即通过召开国王和各部贵族出身官吏参与的"和白会议",经与会人员一致同意,由朴、昔、金三姓交替称王,而国家的重要问题也在"和白会议"上经过讨论决定。

7 世纪中叶,朝鲜半岛诸国间的矛盾激化,再也无法继续维持以前的鼎立状态,从而开始了混战。最终,新罗联合唐军征服其余国家,进入了统一新罗时期(668—901)。

朝鲜半岛的统一

后三国

在 9 世纪后半期全国性农民战争的沉重打击下，新罗王朝名存实亡。代之而起的是通过农民战争形成的各豪族军事势力，他们各霸一方，实行军阀割据。这就是甄萱的后百济、弓裔的泰封和无数"城主""将军"的封建割据。结果在原新罗疆域内，形成了后百济、泰封、新罗三国鼎立的局面，史称"后三国"。

后百济

900 年，甄萱利用西南人民反对新罗虐政的斗争，逐步脱离新罗而独立，宣布成立后百济国，并自封为王，定都于完山。他模仿新罗制定官制，整顿政权，积极争取地方官僚、豪族势力。同时，为迅速扩大势力范围，他先后攻占了大耶州(今韩国庆尚南道陕川)和一善郡(今韩国庆尚北道善山)以南的 10 余座城。这样，后百济的势力范围迅速扩大，控制了现在韩国的全罗道地区和庆尚北道的部分地区。

泰封

没落贵族弓裔利用梁吉农民军的力量，不断壮大队伍，逐渐成为强大的军阀势力。大同江下游地区的豪族以及松岳郡豪族将军王建等许多地方势力纷纷归附弓裔。898 年，弓裔彻底背叛梁吉起义军，攻占北原以南的国原等 30 余座城，从而把势力扩大到汉江流域。定都松岳郡后，他继续向现今京畿道南部和忠清道一带扩大势力范围,很快成为控制新罗北部、中部广大地区的强大的封建割据势力。

901 年,弓裔自称为王,立国号为"高丽"。904 年,改国号为"摩震"①,年号为"武泰",同时迁都铁原。其后,他多次改年号,911 年又将国号改为"泰封"。

弓裔不断采取措施巩固和扩大自己的封建统治地盘。他设广评省和兵部等文武官僚机构,加强统治机构,广泛招揽各方面人才,加以提拔重用,因而"来降者众多"。他授予来投的大商人、新兴大地主王建铁园部太守和精骑大监等军政要职。他采纳王建的建议,积极设海兵根据地,控制了西南海上权;同时,在大同江流域新设浿西十三镇,并努力怀柔和争取那里的豪族势力,加强对浿西地区的控制。于是,泰封国控制了北至清川江流域,南达庆尚道全境的广阔地区。

高丽的统一

弓裔入新京后,修葺观厥楼台,穷奢极侈。他自称"弥勒佛",头戴金帻,身穿方袍,以长子为"青光菩萨",以季子为"神光菩萨",出门常骑白马,用彩布装饰鬃毛,令童男童女奉幡盖香花向导,又令女僧 200 余名唱梵歌随后。他还"令国人呼新罗为灭都,凡自新罗来者,尽诛杀之"。

这样,弓裔政权不仅激起了人民的反抗,而且引起了封建官僚的严重不满。918 年 6 月,侍中王建经过长期准备,联合洪儒、裴玄庆、申崇谦、卜知谦等人,动员 1 万兵力发动了宫廷政变,自立为王,取国号为"高丽"。弓裔在仓皇逃跑中,于斧壤被当地群众所杀。王建为摆脱弓裔势力的影响,充实自己的政权

---

① "摩震",意为强大的东方之国。

基础,于 1919 年 1 月,把京都迁回松岳,改称开州(今朝鲜开城)。

这时,新罗政权北受高丽的压力,西受后百济的攻击,领土越来越小,人口越来越少。然而以国王为首的统治集团仍然热衷于内讧,终日云集鲍石亭游宴。最后,新罗沦为在高丽和后百济激烈的统一战争中根据双方的特殊需要而苟延残喘的政权。

王建建国后,新罗王室于 920 年派使节同高丽建交。高丽认为新罗虽没有什么力量,但有悠久的历史和权威,在部分地主、城主、将军中仍有一定影响,暂时利用新罗王室,有助于对付后百济。于是,在"三国鼎立"过程中,高丽和新罗王室往往联手对付后百济。

在此形势下,后百济于 927 年 11 月向新罗王室发动突然袭击。甄萱杀景哀王,立王族金傅为敬顺王,虏获部分王族、宰相和著名工匠,剽掠王室珍宝兵仗而归。甄萱对新罗王室的这次袭击,使新罗王朝名存实亡。但甄萱认为新罗王室作为傀儡还有一些用处,因此,在形式上保留了新罗王室。

甄萱对新罗王室的突然袭击,其结果与他的主观愿望相反,使新罗王室把自己的命运更加寄托于高丽。而王建继续注意怀柔新罗贵族,留意巩固后方,抓紧进行统一战争的准备。在此基础上,934 年,王建向运州(今韩国洪城)地区发动总进攻,杀后百济军 3000 多名,甄萱的名将尚达、崔弼等纷纷投降。王建攻占了熊津以北 30 余座城,全面威胁后百济。

在这紧急关头,935 年,后百济政权内部以甄萱的儿子神剑、良剑、龙剑、金刚等为中心,发生了争权夺利的内讧。同年 3 月,神剑在新德、英顺等人的支持下,将甄萱软禁于金山佛寺,派人杀弟金刚,自立为大王。3 个月后,甄萱趁机逃出金山佛寺,派人向王建致意。王建马上派将军黔弼、万岁等迎来甄萱,"尊为尚父,授馆以南宫,位在百官之上,赐杨州为食邑,兼赐金帛藩缛"。

这一事件震动了新罗王室,敬顺王于 935 年 11 月正式向高丽投降。据《三国史记》记载,王建对新罗王金傅的来降不仅给予"厚礼",还进而联姻,以此进一步加强对新罗贵族、地主势力和人民群众的控制。

甄萱的来降进一步促进了后百济的灭亡。936 年 9 月,高丽动员 8 万多兵力,向后百济发动总攻。神剑率文武百官来降。至此,高丽重新统一了朝鲜半岛。

李氏朝鲜的建立

13—14 世纪,随着封建大土地所有制的大规模发展,小农经营的良人农民日益破产,沦为大土地所有者的奴婢农民,从而减少了国家掌握的公田和公民,进一步削弱了中央集权的机能。

大农庄的出现及农民生活环境的恶化

早在 12 世纪初,高丽对全国土地的控制和支配权就已经削弱,这时封建大土地所有制开始发展,到 12 世纪后半期,以武臣掌权为契机进一步发展。武臣掌权以后,不断进行争权夺利的斗争,变本加厉地夺取更多的土地和农奴。

到 14 世纪以后,由于封建统治秩序的进一步紊乱,一些封建官僚和寺院加紧了对土地的掠夺,很多土地集中到他们手里。

两班贵族采取各种方法扩大私有土地:①利用国家对土地支配权的削弱,把自己的受租地完全变成私有土地;②掠夺良人农民的小块土地(这种土地向国家缴纳租税,叫作公田);

③有些大官僚则掠夺其他两班贵族从国家那领取的受租地等。

到高丽末期，不仅统治者掠夺良人农民的土地，而且出现了统治者内部争夺土地的现象，土地兼并矛盾空前激化。

土地不断集中，大土地所有者横行霸道，国家掌握的公民、公田显著减少。在这种情况下，恭愍王为了收拾高丽社会的残局，驱逐王廷内部的世臣大族，任用与世臣大族无任何关系、出身卑贱的辛旽，并授予其很大的权力主持改革。1365年，辛旽向国王提议设立"田民辩证都监"，自己充任判事，着手辩证工作。辛旽的辩证改革，在很多方面较以前彻底得多。辛旽的改革限制了世臣大族的大土地所有制，照顾了中小地主和农民的利益，因而得到了广大人民的支持。特别是，解放奴婢为良人，得到了最底层民众的拥护。但改革受到世臣大族的激烈反对。王廷之内属于奇、权两族（大农庄主的代表）的余党和世臣大族逐渐纠集势力，纷纷反对辛旽，散布谣言，污蔑和打击辛旽。他们甚至向恭愍王告发辛旽，说他正在策划推翻国王，以便自己称王。于是，国王便倒向世臣大族，于1371年将辛旽以叛逆罪处决。辛旽死后，他的改革完全失败，一切复旧。

清除辛旽一派以后，李仁任、林坚味和廉兴邦等世臣大族掌权。他们掌权后，在王廷内，将辛旽的一切政策全部推翻，并利用自己的权势，大肆兼并土地，进一步扩大自己的农庄。

14世纪后半期的大农庄规模相当大，往往以大山和大河为界，包括几个邑。大农庄主像以前的崔忠献（1149—1219，高丽王朝权臣）那样，都拥有家臣团。家臣团有兵马使、判官等称号，是大农庄主残酷掠夺农民的工具。每当掠夺农民时，大农庄主就组织数十名爪牙骑马在农庄里横冲直撞，向农民肆意征收地租，勒索"礼物"和贿赂。

大农庄的发展给农民带来了深重的灾难。在跨越几个邑的大农庄里,原来的中小地主并未完全被清除。压在农民身上的地主,一层又一层。因此,土地兼并情况极端严重,封建土地所有关系非常混乱,农民受着二重、三重剥削。

农庄越扩大,公民就越减少,这就加重了公民的负担。由于频繁的战争和封建秩序的极端混乱,公民所承担的国家负担迅速增加。因此,这个时期所谓公民的处境非常困苦,从而加速了他们的破产。

李朝封建国家的建立

1371 年,辛旽被清除后掌权的林坚味、廉兴邦等一派,对内实行保护大农庄主利益的反动政策,在和中国的关系上,则实行与北元(元廷北徙后形成的蒙古游牧政权,高丽称为北元)修好、与明朝疏远的保守政策。

1388 年,崔莹与李成桂、郑道传等一派联合打倒了林、廉一派。此后,崔莹、李成桂、李穑、郑道传、赵浚、郑梦周等人掌握了政权。

1388 年春,高丽与明朝因为铁岭卫问题,关系紧张。高丽王朝经过争论,根据门下侍中(当时的最高官职)崔莹的意见,组织了左军都统使为曹敏修、右军都统使为李成桂的近 4 万人的攻辽部队。1388 年 5 月,攻辽部队到达鸭绿江。李成桂认为这是一种冒险,可能贻误大事,并以“前有大川,因雨水涨”等为理由,提议回师,但被禑王和崔莹拒绝。李成桂一派便迫使曹敏修改变主张,并从威化岛断然回师。这样,回师就成了政变的契机。

李成桂一派驱走禑王,立其幼子(昌王)为王,并肃清了崔莹和其他反对派。1389 年,又以昌王并非王姓为借口,驱逐昌王,立其远亲恭让王为王。这些国王都只不过是傀儡,实权完全掌握在李成桂及其一派手中。

1388 年 6 月,李成桂一派从威化岛回师后,马上着手进行私田整理事业。

首先,将"其料物库(管理王室财产的机关)属三百六十庄处之田,先代施纳寺院者悉还";其次,1388 年 8 月,决定以今后 3 年为限,暂时对全国公私田一律征收"田租";最后,1388 年 10 月,设置"给田都监",并对京畿道等六道进行量田(即丈量土地),将所有土地登入国家册档。

1390 年 9 月,量田工作暂告一段落,李成桂焚毁了公私田笈。1391 年 5 月,李成桂一派在基本结束私田整顿事业的基础上,实行给田制度,将这些收租土地分配给国家机关、两班官僚和其他李成桂一派的支持者,史称"科田法"。

科田法仍旧以封建土地私有制为基础,只是改变了搜刮剩余产品的规定和搜刮者。它没有解决封建土地所有制固有的矛盾。但科田法的实行在当时条件下还是有积极意义的,因为它多少调整了封建土地所有制关系,限制了大农庄的无限发展,使农民在一定程度上摆脱了过去"一亩之主过于五六,一年之租收至八九"的极端残酷的剥削和压迫;同时,它为李朝封建国家加强中央集权、巩固国防等,奠定了强有力的物质基础。

科田法实行后,接着提到日程上的就是推翻王氏高丽、李成桂登王位的问题。李成桂于 1392 年驱逐恭让王,自立为王。新建立的王朝称为朝鲜。

壬辰倭乱

壬辰倭乱的爆发

当 16 世纪末朝鲜政治腐败、党争激烈时,日本关白(宰相)丰臣秀吉战胜国内其他诸侯,统一了日本。他为了满足封建主和商人的贪欲,妄图征服朝鲜和中国,悍然发动了入侵朝鲜的战争。

1592 年(中国万历二十年,朝鲜宣祖二十五年,壬辰)4 月,做了多年战争准备的日本侵略者,以 17 万陆军和三四万海军的兵力入侵朝鲜,史称"壬辰倭乱"。从此,朝鲜人民开始了艰苦卓绝的壬辰卫国战争。

日军在釜山登陆,并围攻釜山,当地的朝鲜军民在金使郑拨的指挥下英勇抗战,但占据优势的日军一举占领釜山,向东莱城进犯。随后,占领釜山和东莱城的日军分东、西、中三路向汉城(今韩国首尔)逼近。东路经庆州、永川、闻庆、鸟岭直至汉城,西路经金海、圣山、锦山、秋风岭、清川直达汉城,中路经大邱、尚州、闻庆、鸟岭、忠州直进汉城。

朝鲜长期以来武备松弛,义务兵役多由苛刻的军布税代替,无论中央或地方,都无御敌之兵,更缺乏军器粮饷的储备。各地水陆军将领也几乎全是怯懦之徒。因而在战争初期,朝鲜军队全线崩溃,无法组织有效抗击。

宣祖和大臣得知日军大举进攻的消息后,急忙派几个将领到前线指挥,但日军已侵入忠清道一带,防线早已瓦解。宣祖听到庆尚道和忠清道战局极端不利的消息后,放弃汉城仓皇北逃,经开城、平壤,最后逃至鸭绿江边的义州。日本入侵军进入朝鲜 20 天后就占领了汉城,不久又攻占了平壤。

朝明联合抗击倭寇

日本侵略军突然侵入朝鲜,朝鲜处于十分危急的状态。在此情况下,朝鲜派使臣向明朝求援。1592 年 7 月,明朝派 5000 名士兵赴朝参战。同年 12 月,又派了以宋应昌为经略、李如松为东征提督的 43000 名援军。

朝明两国军队的联合抗战,是从收复平壤的战斗开始的。平壤当时已被敌将小西行长占领近半年之久,成为其前线据点。1593 年 1 月,朝明联军包围了平壤城。8 日晨,总攻打响,朝明联军破城而入,随即展开了激烈的巷战,最终收复了平壤。平壤之战彻底粉碎了日本扩张的阴谋,从根本上扭转了朝鲜的战局。

收复平壤之后,朝明两国军队并肩作战,向开城和汉城进发。日军全线崩溃,黄海道、江原道等地的日军全部龟缩在汉城。为收复汉城,朝明两军从北面攻打汉城中的日军,权栗指挥的南方朝鲜官军和义兵转移到汉城西南。

日军总大将浮田秀家和小西行长企图从西南突破包围圈,向离汉城 40 里的幸州山城发动了进攻。当时幸州山城有权栗指挥的 23000 名朝鲜官军。日军动员 3 万兵力猛扑幸州山城,坚守城池的朝鲜官军英勇战斗,连续击退日军,并出城追击敌人,杀伤许多日军。这一胜利史称"幸州大捷"。

在幸州城失败的日军被迫提出"和谈"。到 1593 年 4 月中旬,日军从汉城败逃,直至南部海岸。日本一方面进行谈判,另一方面继续备战,企图再次发动战争。

1597 年 1 月,日本侵略者重整 14 万大军在朝鲜南海岸登陆,以数百艘战舰向朝鲜水军发动进攻。日军企图首先牵制朝鲜水军,在海上发动总攻。当时,朝鲜封建政府诬陷李舜臣将军,一度罢免了他的职务。继任的元均腐化堕落,防备松弛。同年 7 月 15 日,在漆川岛、固城海战中,元均几乎使朝鲜舰队全军覆没,日军趁机发动了总攻。

明朝政府派邢玠为总督率兵再次援朝。朝明联军在忠清道稷山素砂坪、金乌坪截击北上的日军主力,经两天激战,消灭入侵军主力,取得了巨大胜利。

朝鲜政府重新启用李舜臣将军为三道水军统制使。李舜臣将军重整水军,迅速进入抗敌。1597 年 9 月 16 日,日本水军330 艘大船队闯进朝鲜水军阵地珍岛,妄图把刚刚整顿的朝鲜水军扼杀在摇篮里。李舜臣将军把敌人诱至鸣梁口,展开殊死战斗,击破 30 余艘日船,击退日军,取得了胜利。这次海战的胜利,史称"鸣梁大捷"。

朝明两军英勇战斗,把日军压缩到蔚山、泗川、顺天 3 个地区。以顺天为据点的小西行长被朝明联军包围,海上被朝明联军切断退路,陷入困境。于是,小西行长调 500 余艘兵船,妄图掩护自己逃窜。得知这一消息的朝明联军做好了歼灭敌人的准备。明军总兵陈磷率水师进入朝鲜南部海岸,朝鲜水军也集中兵力准备战斗。1597 年 11 月 18 日,日军大舰队在露梁被发现,朝明联军并肩作战,和敌舰展开两天激战,击沉几百艘敌船,使万余敌兵葬于大海,取得了辉煌的胜利。在这次战斗中,朝鲜民族英雄李舜臣和明朝将领邓之龙不幸中弹,壮烈牺牲。通过这次海战,日军彻底失败,朝明联军取得了最后胜利。

在多年艰苦卓绝的反侵略战争中,朝明两国军队联合抗战的胜利,不仅在朝鲜半岛历史上具有巨大意义,而且对保卫当时东方的安全也做出了巨大贡献。与此同时,朝中人民在反侵略斗争中用鲜血凝成的友谊,在两国关系史上谱写了灿烂的篇章。

甲午战争的导火索

120 多年前,一场战争改变了整个东亚格局,它就是中日甲午战争,韩国称这次战争为清日战争。

甲午战争在朝鲜打响了第一枪,结束战争的条约第一款也是关于朝鲜的,可见,甲午战争也是朝鲜半岛历史发展进程中必须铭记的一页。那么,甲午战争为什么因朝鲜而起,又对朝鲜产生了什么影响呢?

1875 年,日军舰"云扬号"到朝鲜江华岛附近进行测量,与岛上守军发生冲突,进而发展为战争,"江华岛事件"由此爆发。以此为契机,日本武力威胁朝鲜,迫使朝鲜签订《江华条约》(《日朝修好条规》)。这是朝鲜同外国签订的第一个不平等条约,日本由此迈出了向亚洲大陆扩张的第一步。

《江华条约》第一款便写道:"朝鲜国自主之邦,保有与日本国平等之权。"这一款指向了中国和朝鲜之间的宗藩关系,以此否定清朝在朝鲜的宗主国地位,否定了朝鲜为清朝的属国,其目的是离间中朝关系,把中国排挤出去,为把朝鲜纳入日本的势力之下扫除障碍。

《江华条约》签订之后,各国在朝鲜的矛盾斗争,特别是中日间的矛盾斗争与朝鲜内部"亲中"和"亲日"等各种政治势力间的矛盾冲突交织纠结,越来越激化。1884 年 12 月,日本拉拢并利用开化党在朝鲜发动了武装政变,谋杀大臣,劫持国王,一时控制了政府,宣布断绝与清朝的宗藩关系。这次事件被称为

"甲申政变"。随后,在朝鲜军民的抗击以及清朝军队的干涉下,这场政变以失败告终。

"甲申政变"后,重掌政权的闵氏守旧派集团血腥镇压了开化派。朝鲜封建统治者在短短的两年内经历了极大的政治风波,经受了很大的政治冲击。中日两国军队撤离后,封建政府理应采取措施,努力争取自主,使国家向前发展,但统治者却在资本主义列强激烈矛盾的旋涡中,徘徊动摇,无所适从。

不仅如此,封建统治者不顾国家的安危和人民的死活,为了维护自己的统治,拜倒在外国入侵者脚下,并勾结外国势力,对人民加紧盘剥,使人民群众生活在水深火热之中,从而导致了大规模农民战争的爆发。

甲午农民战争是从全罗道古阜郡开始的。1892年,古阜郡守赵秉甲就任后,倚仗权势肆意掠夺。赵秉甲的无理掠夺激起了农民的极大不满。1893年12月,古阜郡40多名农民到郡厅抗议理论。赵秉甲把农民说成"乱民",将他们逮捕下狱,并严刑拷打,数日后才放回。

1894年1月,全琫准的父亲全彰赫带领60多名农民到郡厅,要求停止征收水税,改除弊政。赵秉甲置农民的正当要求于不顾,反把全彰赫等农民代表关进牢房。全彰赫惨遭鞭笞,死在狱中。古阜农民气愤至极。1894年2月15日,数以千计的农民奋起造反,攻占武器库,将非法征收的税米发放出去,烧毁了土地和奴婢文书,打开牢门释放被关押的无辜人民。

1894年5月31日,农民军包围全州,并攻占全州。朝鲜封建统治者惊慌失措,于6月3日要求清朝派兵支援。清政府应朝鲜政府之请,派遣叶志超、聂士成率领军队,于6月8日抵达牙山湾,次日登陆,驻扎牙山和公州一带。

日本政府得知清兵赴朝后,以保护使馆和侨民为借口,出动大批陆海军,非法闯入朝鲜。日本政府命令回国休假的日本驻朝公使率领 400 多名军人先返回朝鲜。驻朝公使大岛于 1894 年 6 月 9 日抵达仁川,不顾朝鲜政府不准带兵进京的要求,强行率兵进京。

此时,朝鲜形势已恢复平静,这颇出大岛之意料。朝鲜政府声称农民暴动业已平息,要求两国军队同时撤军。对此,清政府表示同意,敦促日本急速抉择。身处窘境的大岛只好表示同意,并向本国政府请示。日本政府挑起战争的准备早已就绪,绝不肯撤回军队,严厉责备同意撤兵的大岛,并指示其想尽办法寻找借口。

日本政府为执行既定方针,提出中日两国共同协助朝鲜"内政改革"的方案。他们明知清政府不会同意。一旦中国方面不同意,他们就单独推行,以此留驻军队,寻觅挑起战争的借口,加强对朝鲜的控制。

鉴于形势极其严重,朝鲜政府呼吁各国驻汉城外交使节出面予以斡旋,敦促日军撤走。朝鲜政府把希望寄托于美国,但美国公使认为日本出兵是"合乎情理"的,仅出面表示一下就缩了回去。其他国家使节也是同样的态度。

于是,日本政府继续增派部队。日本常备舰司令伊东率领几乎全部海军力量集中于朝鲜西海面上,陆军少将大岛率领的 1 万多名陆军布置于汉城至仁川地区。

1894 年 7 月 17 日,日本公使通告朝鲜政府准备单独进行改革。7 月 20 日又向朝鲜政府发出最后通牒,要求朝鲜政府废除同清政府签订的一切条约,促使中国军队撤出朝鲜,以示朝鲜是"自主独立国家"。答复时间限定于 7 月 22 日夜 12 时之前。

日本按照自己的行动计划,于 1894 年 7 月 23 日,动员一团士兵和若干炮兵开进王宫。朝鲜军队立即反击,但因寡不敌众,最终溃败。另一支日军包围云岘宫,诱骗大院君进宫。7月24日,高宗在日军的威逼下,降旨宣布一切政务由大院君主管。7月25日,日本为制造立即开战的借口,迫使朝鲜政府废除同清朝签订的一切条约,宣布将驱逐中国军队的一切权限委托给日本。7月26日,日驻朝公使将此事通知给大岛。大岛接到通知后便率领军队离开汉城南下。

准备就绪的日本,于1894年(甲午年)7月25日晨,突然袭击停泊在丰岛的中国军舰,于是中日甲午战争爆发。日本在甲午战争中取得胜利以后,与清政府签订《马关条约》。条约中规定,中国从朝鲜半岛撤军,并承认朝鲜的"自主独立"。从此,朝鲜开始沦为日本的殖民地。

中篇

韩国的今生

韩国礼仪文化

　　礼仪是指在一定的生活文化圈中,通过长期的习俗,以一种共同的生活方式确立起来的社会契约式的生活规范。不同国家、民族、地区、时代的礼仪各不相同。在韩国,你会被超市里、银行里各类人员面带笑容、点头哈腰、春风细雨的服务所震撼:顾客进门时,面带微笑 90°鞠躬说"您好,欢迎光临";顾客出门时,面带微笑 90°鞠躬说"再见"。这让人颇有宾至如归的感觉,不禁感叹韩剧里呈现的彬彬有礼的"君子之国"是真实存在的,瞬间爱上了这个礼仪之邦。而在韩国生活一段时间之后,又会被无数场所的烦琐礼节搞得晕头转向,被各种称呼和敬语搞得心力交瘁。这时,你慢慢发现韩国社会就是一个庞大的礼仪系统,烦琐的礼仪无处不在,指导着人们的行为举止。同时,众多的礼仪也凝聚了韩国社会,韩国人按照礼仪和规则行动的时候,会深切感受到自己是这个社会和国家真正的一分子。每一个韩国人都知道"万事礼为先",恪守礼节是他们必须要遵守的社会规范。

用餐礼仪

　　美国留学生迈克尔说,他第一次看到他的寄宿家庭成员都围坐在丰盛的餐桌前不动筷,直到从乡下来的爷爷坐到座位上拿起汤匙,大家才开始吃饭的情景时,感到非常奇怪。"为什么不吃饭在等爷爷呢?"他的朋友智勋解释说:"韩国有一种文化,在家里的长辈动筷之前不能先吃饭。在韩国，要学习的餐桌礼仪还有很多。"

是的，每个国家都有自己的用餐礼仪。对于人来说，吃喝是必须的。人生来第一个需要学习的礼仪便是用餐礼仪。在日本，用左手端着饭碗吃饭是一种礼仪。韩国有很多烦琐的用餐礼仪。韩国自古以来就有火炕，韩国人习惯坐在火炕上就餐，即便是如今，也保留着盘腿而坐就餐的传统。尤其是在长辈面前，晚辈应该端正姿态，跪坐在自己的脚底板上，而不应该把双腿舒展开来或者叉开坐。但现在很多餐厅为不喜欢席地而坐就餐的年轻人设置了椅子。与长辈一起用餐时，晚辈必须待长辈动筷后才能开始用餐；结束用餐时，等长辈离开后，晚辈才可以离开。

筷子和汤匙是韩国人的主要餐饮用具，汤匙用来舀饭、舀汤，筷子用来夹菜。用餐时使用汤匙和筷子，但是不可以同时使用。无论何时，韩国人必须分开使用汤匙和筷子，同时也要注意不能用汤匙和筷子敲打桌子或者相互碰撞发出声音，忌讳用筷子对别人指指点点。吃东西时嘴里不可发出太大的响声，更不能高谈阔论。因为在老人的观念里，吃饭时说话会受穷。而现在很多年轻人深受西方文化的影响，外出就餐时侃侃而谈，不再遵循这一古训。

独自一人吃饭的时候，饭桌放在面前，左边放饭，右边放汤。菜放在米饭和汤的后面。很多人围坐在一张桌子上一起吃饭的时候，将米饭和汤摆放在用餐者面前，将筷子和汤匙分别摆放在饭和汤的右边，在餐桌中摆放酱汤、煲汤、肉类，并在这些料理四周摆放各种泡菜。除了摆在自己面前的米饭和汤外，大家一起享用餐桌上的其他饭菜。韩国人就餐时忌讳端起自己的饭碗或汤碗吃饭，而是放在桌子上吃。

与长辈吃饭时,不能先动筷子;用餐完毕后,等长辈放下汤匙和筷子后,才能将汤匙和筷子并排放在最初的位置上,并说"谢谢,饭菜很好吃,我吃饱了"这样的话;长辈不离桌前,晚辈不可以离开桌子。同样,作为主人,要耐心等待客人用餐完毕以后才可放下筷子。按照韩国的礼仪,不管饭菜多好吃,都不能吃得精光,而是要在每个盘子里都留下一点,表示主人准备的饭菜足够丰盛。

韩国文化遗产保护财团于1988年出版了《我们的传统礼节》,其中对韩国的用餐文化做出了以下规定。

(1)一起到达饭厅时,长辈落座后晚辈再坐。

(2)身体朝向餐桌坐立,身体与餐桌相隔一个拳头左右的距离。

(3)晚辈或家庭主妇应该打开盛有食物的盖子。

(4)等到长辈拿起筷子之后再开始吃饭。

(5)先用汤匙吃泡菜和汤类,再食用其他食物。

(6)用筷子吃饭,使用筷子的时候把汤匙架在吃过的饭碗或汤碗上。

(7)不吃长辈喜欢吃的食物或者先让长辈吃。

(8)不吃离自己远的食物。

(9)不要乱翻小菜,并且将小菜一口吃掉,不要弄碎或弄断。

(10)不要把食物粘在汤匙或筷子上。

(11)辅助小菜要少吃。

(12)不要让别人看到嘴里的食物或喷出食物。

(13)不要发出咀嚼或喝汤的声音,以及汤匙或碗筷碰撞的声音。

（14）不要把食物掉落在桌子或地板上。

（15）不要把骨头、鱼刺等放在明显的地方。

（16）不要把饭菜吃得精光。

（17）用餐时，除了回答长辈的问题之外，不闲聊。

（18）不说食物不好吃，不打嗝，不剔牙。

（19）喝水时不漱口。

（20）不要太快或太慢吃完饭，和别人保持同步。

（21）用餐结束时不要把汤匙和筷子随意放置，而是放回最初的位置。

（22）即使吃完了，也不能比长辈提前起身。

韩国多年以来深受儒家思想的影响，席间敬酒时注重"尊卑长幼"，要按身份、地位和辈分高低依次为别人斟酒。斟酒时，必须用右手拿酒瓶，左手托瓶底，如果对方是长辈，则一手托住另一只手的肘部为对方斟酒。古时候是怕韩服的袖子沾到酒菜，如今是表示礼貌的做法。看见别人的杯子空了时，必须马上给其倒酒，因为杯子空了是招待不周的表现。但如果酒杯里还有剩余的酒，韩国人一般不继续倒酒，这是因为在祭祀时有"添酒"这道程序。别人来给自己倒酒的时候，要保证杯中无酒，如果杯子里有剩酒则是不礼貌的，并且接了酒之后要马上喝，不能放在一边。接受别人倒酒时要用右手拿杯，左手托在杯底表示尊敬。敬酒人要把自己的酒杯举得低一点，杯沿去碰对方的杯身，不能平碰，更不能将杯举得比对方高，否则会被认为失礼。喝酒时，要左手抓着右手手腕喝，若对方是长辈，则要将上半身轻轻转到一边。如果长辈坐在自己的对面，就转向旁边喝；如果长辈坐在自己的左边，就转向右边喝。总之，不能面对长辈把酒喝下去。

这些繁杂的就餐礼仪只是韩国礼仪文化的"冰山一角"。韩国的礼仪体现了韩国严格的等级制度,无时无刻不指导着韩国人的行为准则。韩国的礼仪对于每一个在韩国生活的外国人来说都是一项难以攻克的浩大工程,需要不辞辛苦地学习和践行。

交际礼仪

韩国人同中国人一样,在日常生活中都会使用礼貌用语,但韩国的礼貌用语更为庞大、烦琐,构成了一个发达的敬语体系。敬语体系最能够反映韩国礼仪,也是韩国语区别于其他语言的最大特征。韩国人对长辈、朋友或晚辈说话时采用不同的表达方式。他们对身份、地位、辈分比自己高的人或者陌生人使用敬语。除此之外,对初次见面以及不太熟悉的人也尽量使用敬语。对身份地位低于自己或者年龄相仿的朋友使用平语。

敬语能显示出对话双方的身份差别,说话者会根据对方的身份、地位、年龄和亲疏关系等选择恰当的语言进行使用。例如,在韩国的学校里,年级的高低决定了敬语的使用与否。低年级的学生要对高年级的学生使用敬语,即使只相差一个年级也不能随便使用平语,平语只有在同年级的同辈之间才会使用。在家庭里,晚辈对长辈一定要使用敬语。韩国一般都是多子女家庭,老大是最被重视的家庭成员,自然长媳的地位也很重要,因此,即使家庭中出现弟媳比长媳年长的情况,弟媳也要对长媳使用敬语。敬语体系像一根无形的绳子,连接着整个韩国社会森严的等级制度。在韩国的职场上,若与比自己年龄小的人一起入职,那么相互之间是"同辈",不需要使用敬语。但如果年轻者先入职,后入职的年长者也须尊称他为"前辈",这时候就要使用敬语。因此,韩国人在第一次见面的时候首先会询问对方的年龄,通过询问年龄厘清交流时所需要使用的称呼,判断需不需要使用敬语。所以,如果遇到一上来就被问年龄的情况,不必惊讶,也不必避讳这个问题,因为年龄在韩国并不属于隐私问题。

在韩国职场生活中,最能体现韩国交际礼仪的便是公司聚餐文化。同事们在下班之后经常会聚在一起吃饭、喝酒。在韩国人看来,公司聚餐是拉近同事之间关系、维持正常人际关系的重要一环。如果同事提出下班后一起去喝杯酒,绝对不可以拒绝。不然,你会被当作不重视团队的利己主义者,甚至会影响工作的顺利开展。在韩国工作,无论是男性还是女性一定要会喝酒,尤其是新进职员,即使不便喝酒,也不能拒绝高职位的人或者长辈给的酒,并且很多时候需要一饮而尽。不会喝酒的人在韩国职场很难生存。

韩国企业的聚餐五花八门,有全体会餐、部门会餐、本部会餐、职员间会餐、与客户间的会餐等。韩国还有另一种形式的聚会叫作"dwi-spu-li",像中国的庆功会,人们会在共同完成一项重要项目之后聚在一起喝酒庆祝。除了这些常规性的聚餐外,每年年末,各公司还会举行"送年会",这也使 12 月成为韩国职场人士聚餐最多的一个月。他们会在"送年会"上开怀畅饮,互道过去一年的辛苦,互相祝福在新的一年里事业有成,家庭美满。

韩国公司聚餐通常不止一场,而会有三场。第一场就是一起吃饭、喝酒,场地一般会选择烤肉店、韩餐店、日料店等吃正餐的地方,但酒是必备品。大家在第一场就开始举杯畅饮、谈天说地。许多韩国人把公司聚餐当作缓解工作压力、增进同事之间感情的途径。因此,对于第一场,职员们若没有特殊理由,则都要参加。第二场一般是去练歌房或者酒屋,除了喝酒之外还有唱歌等娱乐活动。第三场一般是去吃夜宵、喝酒,大家安静地聊天、谈心,然后结束本次的聚会。

聚餐期间,只要是上司倒的酒就必须喝下,所以有的人为了保持身体健康,会在聚餐之前喝一些解酒饮品。员工在上司离席之前都必须继续留坐。很多职员为了博取好感,会给上司敬酒,帮忙烤肉、备碗筷,甚至不惜在聚餐上为上司和客户唱歌助兴,通宵达旦喝酒,聚餐结束还忙着为上司叫车,送他回家。无论聚餐多晚结束,第二天若是工作日,仍要准时上班。

此前,韩国 SBS 电视台出品的职场文化纪录片《最近年轻人的辞职书》记录了年轻人的职场聚餐压力。"上司们一入座,我得马上摆好餐具,心里马上想好上司喜欢喝哪种酒,倒酒时要将商标挡住,碰杯时自己的杯子要比上司的低一些,喝酒时头要转向一边,上司讲笑话时要以最大的反应表示喜欢。"更有韩国人说,聚餐就是工作的延长。韩国一家求职网站发布的调查结果显示,56.6%的受访者将聚餐视为负担,认为"聚餐曾影响过工作"的受访者比例高达 63.9%。

近年来,聚餐给很多韩国职场人,尤其是职场女性带来了无形的压力。很多韩国人越来越讨厌公司聚餐:认为长期喝酒聚餐不但没有缓解职场压力,还占用了过多的个人时间;认为聚餐就等于加班,并且也开始认识到大量饮酒对身体健康有害。因此,不仅是职场女性,职场男性也开始呼吁更加健康的聚餐方式,如"911 聚餐文化",即不超过晚上 9 点,只喝 1 种酒,只进行 1 场聚餐。还有人提出规范的聚餐方式:聚餐需要提前一周通知;聚餐时禁止劝酒和不必要的身体接触;第一场之后的聚餐可以选择性参加;聚餐需晚上 9 点之前结束;聚餐前需要按时结束工作时间。同时,很多公司开始组织一些可以享受多样文化活动的健康聚餐,包括一起看演出、电影、体育比赛等。这是现在很多韩国人推崇的健康聚餐文化,职员们不仅可以积累人文方面的素养,还可以缓解压力。职场聚餐文化从被大家默认到如今受到各方排斥,聚餐在韩国人心中的地位变化,反映了他们的心态变化。

　　韩国素有"礼仪之邦""东方礼仪之国"之称。在人际交往中,中国儒家文化深深影响着韩国人,涵盖了韩国人生活的方方面面,影响着韩国人生活的每一个角落。从某种意义上说,韩国人的儒教文化意识比现代中国人更加根深蒂固。但同时,韩国也受到了西方文化的影响,尊重个体,排斥繁文缛节。在一定程度上,韩国的礼仪文化成就了韩国人与人之间的紧密关系,最大限度地把社会和谐地融合在一起,但烦琐而无处不在的礼仪也成为韩国人的某种限制。

韩国节庆文化

春节

中国人过春节会贴春联、送灶神、拜年等。这些春节习俗一直流传至今，维系着中国人的一体感。那么，韩国人是怎么过春节的，韩国的春节有着怎样的传统呢？

春节是韩国最重要的节日。对于大部分生活在城市中的现代职场人来说，春节可以让他们从紧张感和束缚感中解放出来，回到父母身边，与家族成员团聚。不管在何处工作，不管离老家有多远，一到春节，他们都迫不及待地赶回老家。因此，与中国热热闹闹的春节相比，韩国春节街道比较冷清，很多商店在这一天都会关门休业。

在韩国，春节期间，有家庭成员穿韩服的传统。韩服通常都是亮红色、粉红色或橘黄色的，用鲜亮的颜色表示新年的喜庆。

韩国人认为，人死后灵魂并不会随肉体消失，祖先的灵魂会在春节这一天回来。因此，本着"祖先崇拜"和"孝"的思想观念，韩国人在春节的早晨会摆好祭祀食物举行茶礼（或称祭礼），悼念祖先。韩国人非常重视对亡人的祭祀礼仪，茶礼是他们在春节中最重要的家庭活动。这一天，韩国人会在家中摆放祖先的灵位和供品，在家中男性长辈的主持之下，男女老少按照次序依次向祖先叩拜敬酒，向祖先表达他们的感激之情，祈求祖先保佑全家人在新的一年平安幸福。

　　茶礼的供桌摆放具有严格的要求,祭祀食物一共分为5排摆放。第一排摆放神位,两边分别摆放碗筷、酒杯和年糕汤。韩国茶礼的供桌上通常用年糕汤代替米饭。肉类(鱼肉除外)和鱼类摆放在第二排,遵循"鱼东肉西"和"头东尾西"原则,即鱼类放在东边,其他肉类放在西边,鱼头朝东,鱼尾朝西。第三排从左往右依次摆放猪肉汤、牛肉汤、鱼汤。第四排左边摆放干明太鱼或者干鱿鱼。放置干明太鱼时,要把鱼尾切掉,鱼肚朝下,鱼背朝上。接下来依次摆放三色野菜、酱油、泡菜等,并在最右边摆放酒酿。第五排按照"红东白西""枣栗梨柿"的原则摆放果品,即红色的摆放在东边,白色的摆放在西边,从左往右依次为大枣、栗子、梨、柿子。除此之外,茶礼的摆桌还要遵循"干左湿右""右饭左羹""男左女右"等规则,即干的食物摆放在左边,湿的食物摆放在右边;饭摆放在右边,汤摆放在左边;祭桌左边是男人,右边是女人;等等。韩国的春节茶礼虽然有严格的程序和摆桌规矩,但对于韩国人来说,这是后代子孙与祖先同行、维系家族纽带的神圣时刻。

　　茶礼结束,韩国人要食用春节的代表性食物——年糕汤。年糕汤是把年糕切成钱币状,放入特制的牛肉汤或者鸡汤里,经过烹煮之后而成的。年糕被切成钱币状,代表财源广进的新年愿望。在韩国,白色有着美好、高尚、明净、善良等寓意。朝鲜族人因为喜欢白色,通常被称为白衣民族。与中国人喜爱红色不同,韩国人连压岁钱也是放在白色纸袋当中的。在新年的第一天吃上一碗白白的年糕汤,意味着迎接新生和天地万物复苏的纯洁,寄托了韩国人对新的一年的美好祈愿。

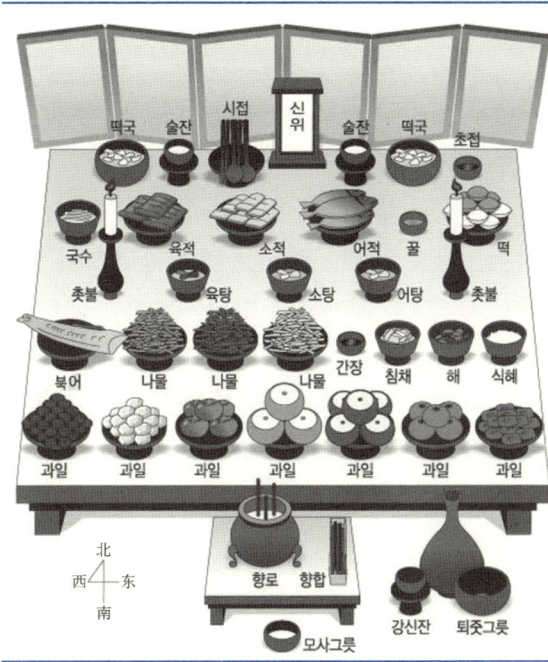

春节祭祀桌摆设①

---

①　资料来源于成均馆典礼研究委员会，https://blog. naver. com/homeline/221457037213。

图片内容翻译如下。

第一排：떡국 年糕汤　술잔 酒杯　시접 勺筷　신위 牌位　초접 醋碟

第二排：국수 面条　육적 猪肉　소적 牛肉　어적 鱼　꿀 蜂蜜 떡 年糕

第三排：촛불 蜡烛　육탕 猪肉汤　수탕 牛肉汤　어탕 鱼汤

第四排：북어 干明太鱼　나물 野菜　간장 酱油　침해 水泡菜　해 鱼 酱　식혜 酒酿

第五排：과일 果品

其他：향로 香炉　향합 香盒　강신잔 祭神杯　퇴줏그릇 祭器 모사그릇 器皿

食用完春节食物，要向家中的长辈行大礼拜年，并向他们致以新年第一个问候。在拜年的时候，晚辈们对长辈们说："新年快乐！"长辈们则会对晚辈们说"新年要如愿以偿"，并给拜年的晚辈压岁钱。拜年也要遵循一定的规矩，一般按照祖父母、父母、伯父和伯母、叔父和叔母、兄弟的顺序拜年。

韩国人在春节时通常一家人聚在一起玩尤茨游戏、放风筝等。尤茨游戏是根据丢掷 4 根短木块后得到的分数走棋的一种群众娱乐活动。尤茨游戏的 4 根短木块呈半圆柱形，一面是平的，一面是半圆形的。丢掷尤茨会出现 5 种计分情况，三扑一翻为 1 分，二扑二翻为 2 分，一扑三翻为 3 分，四翻为 4 分，四扑为 5 分。[①] 韩国人按照农业活动时期跟人们比较亲近的动物名称，分别把三扑一翻、二扑二翻、一扑三翻、四翻、四扑称为猪、狗、羊、牛、马。尤茨游戏根据参加者丢掷 4 根短木块后得到的分数决定走棋步数，通过路径选择，哪方的棋子先走完所有步数就算取胜。

在农耕社会，农事的好坏直接关系到人们的生活。因此，在农闲期的冬季，人们通过岁时风俗祈祷丰收。韩国人的祖先把尤茨游戏的棋盘当作农田，通过丢掷短木块表示季节的改变，祈愿永远丰收。换句话说，他们相信做丢掷短木块的游戏会获得丰收。农耕社会的尤茨游戏把地缘和血缘关系紧紧地联系在一起，并且蕴含着新一年丰收的美好愿望。因此，尤茨游戏是以农耕社会为基础传承下来的，但如今已成为男女老少不分时期、场所和季节都喜爱的群众娱乐之一，在现代社会也具有旺盛的生命力。

---

① 扑为平面朝下，翻为半圆形朝下。

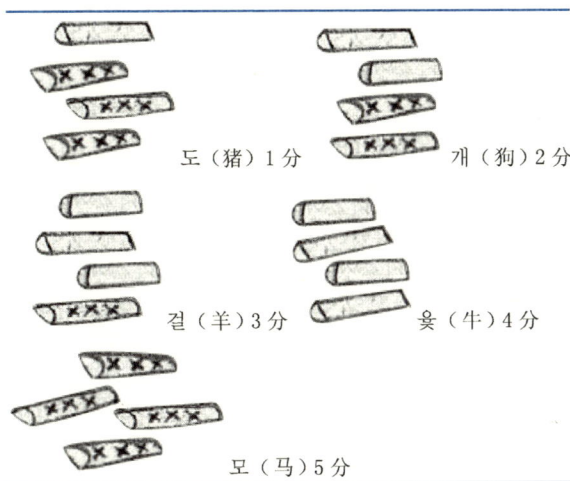

도（猪）1分　　　개（狗）2分

걸（羊）3分　　　윷（牛）4分

모（马）5分

尤茨游戏

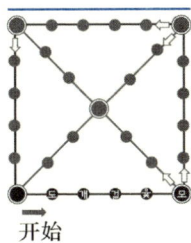

开始

尤茨游戏的棋盘

除了玩尤茨游戏外,韩国人还会在春节期间放风筝。在寒风凛冽的山坡上,看着飘向天空高处的风筝,人们会许下新年愿望。有的时候还会故意把风筝线弄断,让风筝飞得更远,代表坏的运气随着风筝消失不见。另外还有风筝大赛,大家互相用风筝线干扰对方的风筝,谁先把对方的风筝线弄断谁就是赢方。

农历正月十五也是韩国具有代表性的岁时节日之一,与春节一样意义重大。在阴阳观念中,月亮是女性的象征,正月十五夜晚的满月被认为是能够带给大地恩泽并使得五谷丰登的存在。因此,在正月十五,韩国人要举办各类祈求一年丰收的活动。这一天,韩国人有吃五谷饭和凉拌野菜的习俗。五谷饭由糯米、大豆、红豆、高粱、小米5种谷物做成。相传在正月十五当天吃到3家以上不同姓氏家族做的五谷饭,就会给这一年带来好运。因此,在这一天,家家户户都会相互分享五谷饭,寓意大家丰衣足食。为了不患耳病,韩国人在正月十五还会喝一种叫作"耳聪酒"的凉酒。为了一年内不长疮,韩国人也会在这一天吃松子、核桃、花生、栗子等坚果。

端午祭

端午祭(端午节)是韩国四大传统节日之一,其他3个重要节日分别是春节、中秋节和寒食节。据有关历史考证,在朝鲜时期,文臣南孝温著作的《秋江集》中就有过"端午"的记载。因此,韩国的端午祭可追溯至1000年前。端午节在韩国和中国皆为每年的农历五月初五。

至于为何"五月初五"谓之"端午",有如下解释。"端"字含有"起初、开始"之意("端一、端二、端三、端五"即可对应为"初一、初二、初三、初五"),所以"初"字可对应为"端";而古代习惯用天干地支记日月,正月为寅,二月为卯,三月为辰,四月为巳,因此五月顺理成章地为"午",故而"五月初五"用"端午"称之便有理有据了。据记载,"初五"与《易经》的"九五"有关。《易经》的爻从下往上排,排到"九五"一卦——"飞龙在天,利见大人"即为端午,也为"至阳"。因此,"端午"二字也与天象崇拜、吉利、富贵有一定关系。

与中国在端午节这天所进之食不同,韩国在端午祭期间并不食粽子。那么,韩国在端午祭之时吃什么传统食物呢?

按照风俗,韩国人在端午祭之时一般吃艾子糕、车轮饼,饮益母草汁。艾子糕主要用嫩且柔软的艾蒿作为主料,经清水洗净、锅中煮沸、室外沥干、砧板剁碎后,加入适量糯米粉,混合搅拌成团放到一边待用。之后,制作馅料部分,要先将花生仁、芝麻等放入锅中炒好,再将其捣碎,混合砂糖搅拌至匀。将提前揉好的面团摊开,在其中放入炒好拌匀的馅料,之后裹合成球形,放入锅中蒸 30 分钟左右即可出炉。车轮饼则是一种扁圆形、内含丰富馅料的蒸烙饼,味道可口、营养丰盛。益母草又名益母蒿、坤草,味苦、性寒,具有舒筋活血、解毒清热等功效,同时对于治疗妇科疾病也是一种极好的良药。

由于韩国端午祭是一种大规模的全国性庆典活动,因此自上而下,从中央到地方,皆会积极参与到这场热闹非凡的活动中。一般而言,在朝鲜半岛历史上,君王与臣子间会互赠端午扇以示礼节,这在后来演变成亲友间互赠亲友扇。士大夫家族则会在其府门上粘贴朱砂天中赤符、端午符等,以祈求神鬼保佑,达到驱害辟邪、百毒不侵的效果。在民间,菖蒲在端午时起到了举足轻重的作用,可谓全株皆可用之。韩国妇女用其根做发簪,其水被饮用或洗发,其露用以洗面化妆;同时,人们也喜欢在其长势繁茂之地聚集进食或以水嬉之。在中国,尤其是江南人家,也习惯于端午之时,悬菖蒲、艾叶于门窗以求好运,趋利避害。中国古书中也记载过前人如何栽种菖蒲:"以砂栽之,至春剪洗,愈剪愈细,甚者根长二三分,叶长寸许。"这也从侧面体现出菖蒲在中韩两国皆被赋予独特的文化色彩。

除此之外,韩国民间的一种游戏活动——荡秋千也颇负盛名。荡秋千一般分为单人与双人,难度不一。比赛时决定胜负的是参与者荡起的高度,越高者胜出概率越大。这是一种韩国女子从小玩到大的民俗游戏,不仅有利于身体健康,还可展现女性独特曼妙的身段与风姿。

韩国人在端午祭之时还会开展民俗戏表演、壮士角力竞赛、官奴假面戏、拔河、射箭、唱山歌民谣等活动,展现丰富的民族文化,在丰富民众生活的同时也提升了民族自信。

随着时代的发展,以上传统端午祭的习俗渐渐湮没,更多地被笼罩上一层现代化色彩,逐渐被现代人忽略甚至不再继承。然而,在这样一种现状中,仍不乏特定区域依然以较为完整地继承"韩国端午祭"的形式作为当地特色,传承与发扬韩国端午文化。

"江陵端午祭",是一种在韩国东部海岸城市——江陵市,于每年端午节期间举办的大规模、具有地域性的全民庆典性质的巫俗祭奠活动,声势浩大、享誉全球。1967 年被官方正式确定为韩国第十三号重要无形文化遗产和重要无形文物,1994 年被选为"韩国十大代表性庆典"之一,2005 年被联合国教科文组织确立为"人类传说及无形遗产著作"。中国中山大学博士宋俊华表示:"韩国江陵端午祭和我国端午节并不是一回事,韩国'申遗'成功后,我国端午节仍可申遗。"2009 年,中国端午节正式被列入世界非物质文化遗产名录,也是中国首个入选非遗名录的节日。

韩国众多学者对"江陵端午祭"的确切史料记载时间存在不小争议。江陵地区有关学者根据 1933 年增修的《临瀛志》和《朝鲜民俗志》等史书推断,"江陵端午祭"可能起源于东濊的舞天传统。不仅如此,更有学者根据《高丽史》记载内容推测,"江陵端午祭"始于高丽时期。然而,由于这些结论均缺乏确切的史料记载,因此有关"江陵端午祭"的历史渊源仍值得考究与商榷。

"江陵端午祭"的祭祀日程有 3 种算法,分别是从"迎神祭"算起、从"山神祭"到"送神祭"算起和从"酿神酒"算起。以不同的方式计算日程则起止时间均不相同。例如,若从"迎神祭"算起,则是从农历五月初三至初七的 5 个昼夜;若为第二种算法,则时间可长达 20 多天(从农历四月十五至五月初七);若为第三种算法,则历时更长,可多达一个多月(从农历四月初五一直延续至五月初七)。不管是哪一种算法,到了庆贺"江陵端午祭"之时,举国上下皆会纷至沓来共同庆贺。

"江陵端午祭"主要有 2 种形式,分别是"儒教式祭仪"和"巫俗祭仪"。两者具有不同特点,一个严禁、封闭,一个相对自由开放。"儒教式祭仪"更多体现了儒家汉文化对其的影响,形式上通常为虔诚奉读汉文祝祷词,内容上涉及驱祸迎福,以及祈求亲友身体健康、社会稳定安宁、年年皆为丰腴收获之年等各种美好愿景。"巫俗祭仪"通常安排在"儒教式祭仪"完成之后。与前者由专职人员进行不同,"巫俗祭仪"一般由巫师和普通民众共同执行,因此体现了自由开放的特点。同时,"巫俗祭仪"往往不遵循一定的刻板形式或程序,而是根据现场环境、巫师与民众心情即兴发挥。一般说来,巫祭众多,分门别类,有"大关岭城隍巫祭""和解巫祭""祭祖巫祭""不净巫祭""龙王巫祭"等。不同巫祭所负责的内容不尽相同。例如,"大关岭城隍巫祭"被寄予了风调雨顺、五谷丰收、万事胜利、平安如意等希望;"祭祖巫祭"通过祭祀形式与祖先"对话",期待子孙后代平安顺利;"龙王巫祭"期待减少来年不利自然气候,避免干旱或洪水,喜迎一个丰收之年。

"儒教式祭仪"和"巫俗祭仪"有一个共同的作用,即在进行这些活动的同时既可以陶冶情操,丰富业余生活,保存民间传统优秀文化,又可以在神话了的过程与信念中寄予驱祸迎福的希望,同时这种全民族共同参与的活动还可以促进族群和谐统一、社会安宁稳定,这一社会性作用在当时也是相当重要的。

"江陵端午祭"的祭祀仪式等皆来源于与之相关的神话传说。被神化的人物主要分为 3 类:英雄人物成神、非凡出身人物成神和普通人物成神。

说到"英雄人物成神",在朝鲜半岛历史上众多英雄人物中,不得不提的是新罗赫赫有名的"兴武大王"——金庾信将领。他身为新罗将领,曾与唐军共同击败高句丽、百济,成为名垂朝鲜半岛青史的一代伟人、民族英雄。《东国通鉴》中曾这样评价他:"……其备历艰危、鞠躬尽瘁、功名忠节、始终两全如庾信者,求之新罗九百年之人物,亦罕有俦矣。呜呼贤哉!"传说金庾信死后便变成了大关岭山神,引来众多人的朝奉与祭祀。

"非凡出身人物成神"的其中一位是泛日国师。据说其人曾在倭寇来袭时上关岭施展法术使草木等皆为兵将,由此逼得外敌退却,因此在民间被称赞连连,传说死后便成了"大关岭国师城隍神"。

"普通人物成神"的则有大关岭城隍——郑家女之例。传说古时,江陵地区一郑姓普通女子,在其父拒绝城隍的婚约之请后,被一猛虎背走,后家人寻找,发现其与城隍神同坐,身躯定如石,欲挪不成。此后家人悲痛欲绝,将每年农历四月十五定为大关岭国师女城隍祭祀日。

每年的"江陵端午祭"皆会吸引全国民众前来参与,因此与之相关的民俗活动异常丰富,有假面舞剧、江陵风物游艺、民谣演唱、民俗游艺和表演等民俗活动。

假面舞剧是韩国国家级的非物质文化遗产,内涵最初为祈求谷物丰收、生活安宁,后来逐渐演变成揭露阶级矛盾、表露底层民众生活疾苦之态。形式通常是单人或数人用面具掩其脸部独自或共同讲述一个故事。其中流行于当今的有《扬州别山台戏》《凤山假面舞》《水营野游》等。江陵风物游艺是一种为劳动、礼仪、游兴而进行的演戏。民谣演唱、民俗游艺和表演等皆是以民间优秀传统文化为主要内容。这些活动不仅丰富了民众的日常生活,也调动了年轻一代保护优秀传统文化的积极性,呼吁广大民众传承与发扬"江陵端午祭"文化。

除此之外,在祭祀期间,还会有将经济效益与文化效益结合为一体的集市活动,一般称为"乱场"。这时往往会汇集全国上下与餐饮和生活等有关的精品物什,吸引江陵地区或其他地区的人们前来购买。因为受"江陵端午祭"的影响,江陵地区销量往往高于别处。

中秋节

众所周知,中国的中秋节由来已久,始于唐朝初年,盛行于宋朝,至明清时已成为与春节齐名的中国主要节日之一。受中华文化的影响,中秋节也是东亚和东南亚一些国家,尤其是当地华人华侨的重要传统节日。

在韩国,中秋节是固有的传统节日之一,也是农历八月十五这天,又被韩国人称作秋夕节。虽然时间相同,但是韩国人过中秋节的习俗与中国存在很大的不同。

中秋所在的这个季节是夏秋之交收获庄稼和水果的季节,能够看到一年之中最大的满月,因此,韩国人认为中秋节是一年之中非常重要的一个节日。在朝鲜半岛历史上,关于中秋由来的最早记录可以追溯至《三国史记·新罗本纪一》。早在新罗时代,中秋节就已经成为一大节日,到了高丽王朝时更加盛行。到朝鲜时期,中秋节与春节、寒食节、端午节一起成为其

"四大名节"。

　　有着悠久传统的中秋节传承着各种岁时风俗。一到中秋,早晚就变得凉飕飕的,所以人们每逢这天就会换上秋装。中秋节穿的新衣服叫作"中秋服装"。以前,有长工做农活的家庭,在中秋节也会给每个长工都添置一套新衣服。以前是制作传统服饰韩服来穿,近年来直接买一身新衣服的人也不在少数。

　　随着韩国社会的发展,大部分韩国家庭的原有格局也在逐渐发生变化,由原来的三代同堂大家庭开始逐步分解成了夫妻二人和孩子一起的家庭模式。这种模式也慢慢导致韩国社会中一些传统的仪式和活动逐步消失。但是作为现代韩国重要的节日,中秋节还是受到了大多数韩国家庭的重视。

　　现代韩国人在中秋节一定要回家和老家的亲人团聚,举行祭祀活动。但是韩国人的祭祀并不是祭拜月亮,而是祭祖、扫墓。中秋节当天早起第一件事就是祭祀,由主妇摆好事先准备好的祭品进行祭祀。与春节不同,中秋节的祭祀讲究"荐新",即用新米做饭、用新米酿酒、用新粮做松饼进行祭祀。如果秋收的话,新粮食先给祖先"穿新",再由人吃掉。

　　在为已故的父母、祖辈供奉茶礼以后,大家庭在家中聚餐。有时还要参加"宗家"祭祀,对家族中的祖父、曾祖以及祖先进行祭拜,因此"宗家"的祭祀规模更大、更加隆重。祭祀活动结束后,全家人会一起用餐,之后到祖先的墓地去扫墓,并除去祖坟周围的杂草。因为夏天山上生长的茂盛的草枯萎了,一旦发生山火,坟墓也会被烧毁,所以要定期割草。没有人除草的坟墓往往都是没有子孙的、没有主人的坟墓,或者子孙不孝顺、不顾祖先的坟墓,这种情况往往会成为别人的笑柄。这种以除草尽孝道的习俗在韩国一直流传,在很大程度上强化了韩国人的儒家孝思想和家族主义。

中秋是一年之中的收获时期,也是一年中最丰饶的时候,人们的心情愉快、时间充裕,所以会在这时举行很多娱乐活动,载歌载舞。

在农耕时代,中秋这天,农民们会聚在一起,在村里找到这一年种地收成最好的家庭或有钱人家,这些富裕的人家会用酒和食物招待这群农民。这样的家庭丰衣足食,人缘好,热情好客。就这样一天可以走上三四户人家。

农民们转村玩牛戏、龟戏。牛戏是前面的人用两个棒子做角,后面的人则把草绳下垂,当作尾巴,在农乐队前面四处寻访。迎接一行人的家里准备了许多饭菜,在院子里摆酒席和跳舞,一起享受一段开心的时光。

在玩牛戏的时候,还会从村里选拔出一位能干的长工,让他牵着牛在田地里穿梭。虽然很累,但也是一种荣耀。被选为最能干的长工的人,工作做得好,来年也会受到很多尊重。

进行龟戏时,两个人会带着圆圆的草席坐着,做出乌龟的样子,然后慢慢地前进。人们把"乌龟"放在前面,找到大房子后说"海上的乌龟来了,又渴又饿",主人就会端出食物招待他们,和牛戏非常相似。进行龟戏时往往一家吃好以后再去找别家,有时还把当时得到的食物分给因贫穷而未能准备中秋食物的人,表达着农耕社会协同共生的意愿。牛戏和龟戏在忠清道、京畿道等地广为传承。

另外,村民们还会聚在一起拔河。有的在一个村子里分组,有的按几个村分组,有的按照男女分组。队伍的大小和规模不固定,多的时候数千人,少的时候数十人。但如果形成大规模的队伍,就会有拉着绳子脚都够不着地面的情况出现。

因为做拔河大绳需要很多稻草,所以各家都会提供草捆,要花费数千捆制作绳子。如果绳子在运往拔河场所时因太大而无法携带,还会被装上卡车或拖走。拔河比赛被认为是预测一年农事风灾的农耕礼仪之一,因此有人推测说,只要战胜大绳就会获得丰收。

力气大的人还会进行摔跤,小朋友们进行儿童摔跤,大人们进行成人摔跤。摔跤的最后胜利者被称作壮士,得到白布、一麻袋大米或一头牛犊的赏赐。

弓箭师们还会比赛射箭。这是在射击亭集合,在一定距离处设置靶子,射箭击中靶子的比赛。射箭是培养尚武精神、锻炼身体的运动。如果不能调整好心态,就不能射中靶子,因此需要调整呼吸、沉着冷静地射击。很多弓箭师排着队依次射中靶子后,在场的人会一边唱《太平歌》一边给予鼓励和祝贺。

在全罗南道西南海岸地区居住的妇女们喜欢在中秋这天一起跳《强羌水越来》舞蹈。相传这一游戏是在朝鲜时代,李舜臣将军在壬辰倭乱时用于击退倭军的一种战术,为了纪念他,后世的妇女们用舞蹈的形式将它流传了下来。中秋节晚上,吃完饭后,皎洁明亮的月亮升起,年轻妇女们聚集在宽大的庭院或草坪上,手牵着手,开心地唱歌跳舞。歌曲起初是按调子缓慢地唱,后来逐渐快了起来,最后是大家随心所欲地跳,根据歌曲节拍决定舞蹈动作。满月下,身着中秋盛装的年轻女子们的圆舞是一种独特的美丽风景。《强羌水越来》除了原版的舞蹈以外,还被人们添加了多种游戏,有多种形式的演变。随着游戏方法的变化,歌曲的歌词也发生了变化。

在古时候的私塾里,中秋这天,授课的先生会为了祭祀而回家,所以学生可以休息几天。好不容易从学习中解放出来的学童们会聚在一起玩游戏,其中就有轿子斗争。学童们聚在一起用木头做出自己队伍的轿子,并轮流和邻村的书堂进行比赛。他们在宽敞的院子里拉着轿子跑出来,和对方的轿子相撞。反复几次后,轿子先坏掉的一方输,不管怎么碰撞,只要轿子没有被撞坏就算赢。对于平时坐着看书的学生们来说,这是一种解放天性的活泼有趣的游戏。

　　作为一年之中富足、愉快的日子,中秋历来有很多美食,韩国最具代表性的美食要数松糕。松糕作为年糕的一种,是蒸熟米粉和成团后,加入芝麻、大豆、红豆、栗子等再捏制、蒸熟而成的。在蒸松糕的时候蒸屉内一般都会铺上松针,蒸出来的糕点松软可口,还带有松针的香气,松糕的名字也由此而来。一般中秋的前一天晚上,一家人会围坐在一起制作松糕。甚至在韩国还有"能够捏制出漂亮松糕的人就能生下漂亮宝宝"的说法。

附:韩国法定节日

节日	休假日期
元旦(신정)	公历 1 月 1 日,放假 1 天
春节(설날)	农历正月初一,放假 3 天
3·1 节(삼일절)	公历 3 月 1 日,放假 1 天
儿童节(어린이날)	公历 5 月 5 日,放假 1 天
佛诞日(석가탄신일)	农历四月初八,放假 1 天
显忠日(현충일)	公历 6 月 6 日,放假 1 天
光复节(광복절)	公历 8 月 15 日,放假 1 天
中秋节(추석)	农历八月十五,放假 3 天
开天节(개천절)	公历 10 月 3 日,放假 1 天
韩文日(한글날)	公历 10 月 9 日,放假 1 天
圣诞节(크리스마스)	公历 12 月 25 日,放假 1 天

韩国旅游观光

朝鲜半岛位于亚欧大陆东北部,三面环海,东北部与俄罗斯相连,西北部隔着图们江、鸭绿江与中国相接,西部与辽东半岛和山东半岛相望,东南与日本相望。

韩国既有蜿蜒曲折的海岸线和高低起伏的山地,也有经历岁月沉淀的古老街道;既有鳞次栉比的西式建筑和富丽堂皇的摩天大厦,也有古色古香的传统宫殿。行走在自然与人文之间、历史与现代之间,感受东西方文化的相互交融,体验现代化建筑和古老建筑协调融合的极致景观,才是游玩韩国的正确方式。

感受历史的呼吸——韩国古代宫殿

韩国的首都首尔,是朝鲜半岛最大的城市,是世界第十大城市。首尔拥有 600 多年的历史和传统文化,经过日本殖民统治时期和朝鲜战争的战火,如今变身成为拥有约 1000 万人口和多个副都心的特大都市。

首尔历史悠久,最初百济(公元前 18—660)在首尔东南部的南汉山麓建立了他们的都城——慰礼城。5 世纪下半叶,高句丽把百济赶到了南部,把这一带与国内城一起作为别都,与其首都平壤一起统称为“三京”。1392 年,李成桂建立朝鲜王朝,另选建都新址,因此地环山抱水,呈现上好的“风水宝地”格局,便在此大兴土木,于 1394 年迁都汉阳,并将其正式命名为

"汉城",即今日的首尔。此后汉城一直是朝鲜王朝的都城。日本殖民统治时期(1910—1945),改名"京城"。1945年朝鲜半岛光复后不久便实行南北分治,李承晚定首都为"京城",并改名为"首尔",中文译名仍然使用汉字词"汉城"(为方便行文,后文亦使用"首尔")。朝鲜战争爆发后,首尔遭到毁灭性的摧残,城市设施全部遭到破坏,昔日风光不再,市区变成了一片废墟。朝鲜战争结束以后,得益于朴正熙和全斗焕时期的经济振兴,首尔引领了韩国的经济腾飞——"汉江奇迹"。尤其是1988年"汉城奥运会"之后,首尔声名鹊起,在国际上大放光彩。2005年1月19日,"汉城"的中文名称改为"首尔","汉城"一词不再使用。

　　说起首尔历史古迹最集中的地区,要数钟路区。钟路区作为首尔的中心地区,是国家公共机关聚集的中心地带,是韩国政治、经济、文化的中枢。钟路区自朝鲜王朝迁都汉阳600年以来一直是首尔的中心地带,集中了景福宫、昌德宫、昌庆宫、宗庙、北岳山、仁王山等无数的历史文化遗产,保留了首尔独特的历史文化韵味。

景福宫

　　位于首尔中心的景福宫,是朝鲜王朝太祖李成桂定汉阳为京都时模仿中国皇城所建造的宫阙。景福宫建于1395年,至今已有600多年的历史,是韩国规模最大、最古老的宫殿。"景福"一词源于《诗经》中的"既醉以酒,既饱以德;君子万年,介尔景福"。景福宫是朝鲜王朝的正宫,也是朝鲜传统的代表之作,无论是规模还是建筑风格,都堪称五宫之首(韩国五大宫阙为景福宫、昌德宫、昌庆宫、庆熙宫和德寿宫)。

　　景福宫见证了朝鲜王朝前期近200年的历史,但1592年壬辰倭乱爆发,景福宫被全部烧毁,在那之后国王移住昌德宫,景福宫作为废墟被闲置了 270 多年。直到 1865 年大院君集权时期才下令复建,费时 40 个月,于 1868 年竣工。日本殖民统治时期,为镇压韩国的"王气",日本人在景福宫建造了朝鲜总督府大楼,拆除了景福宫的大部分宫殿。如今的景福宫,大部分建筑是大韩民国政府成立后陆续修复重建的。

　　景福宫的围墙四方开有 4 个门,南面是光化门,东面是建春门,西面是迎秋门,北面是神武门,分别象征春夏秋冬和木火金水。光化门是景福宫的正门,取"光照四方,教化四方"的寓意。景福宫北侧为青瓦台,南侧与仁寺洞相连,附近还有韩屋北村。

光化门/刘璐拍摄

韩屋北村/刘璐拍摄

　　景福宫内部有勤政殿、修政殿、思政殿、康宁殿、交泰殿等宫殿。勤政殿是朝鲜时期最高的木制建筑,也是景福宫的正殿。殿中央设有国王的御座。景福宫是朝鲜国王上朝听政的地方,是接见外国使节、举行国家重大庆典的地方。

景福宫勤政殿/刘璐拍摄

景福宫修政殿/刘璐拍摄

　　景福宫的主要建筑是左右对称的,象征着国王的权威。但身世坎坷的景福宫见证了屈辱的殖民历史,它的一动一静、一声一息都影响着韩国。如今,韩国很多的国事宣传活动和文化庆典都选择在景福宫举行,景福宫渐渐成为韩国的一张名片。

　　如今的景福宫,作为历史遗址和名胜古迹,吸引着海外旅客纷至沓来。走在景福宫里,透过沧桑古朴的宫殿建筑,依稀可以感受到昔日王家的雄风、庄严和富丽堂皇;透过勤政殿镶图嵌纹的秀美藻井、描彩绘色的华丽椽楹,可以感受到昔日朝鲜王朝的高贵和肃穆、灿烂与辉煌;透过殿前广场按官职爵位高低分列排立的品阶石,可以感受到当年封建官场的等级森严,感受到中华文化的深远影响。

　　昌德宫

　　昌德宫始建于 1405 年,位于景福宫东面,是作为景福宫的离宫而建造的,史称“东厥”,与相邻的昌庆宫一起被称为兄弟宫殿。与景福宫一样,昌德宫也毁于壬辰倭乱,于光海君时期被重新建造。景福宫被烧毁后,朝鲜国王移住昌德宫,直到朝鲜王朝灭亡,历代国王都住在昌德宫。因此,昌德宫是朝鲜所有宫阙中,国王在其中居住时间最长的宫殿。

如果说景福宫中对称的建筑象征的是国王的权威,那么昌德宫则是完全按照自然地形设计而成的,是朝鲜王宫中最具自然风貌的宫殿,代表着朝鲜宫殿建筑的非定形造型美。

昌德宫内有一个供国王散步、狩猎、飨宴的后苑,日本殖民时期改名为秘苑。秘苑是由亭子、莲花池、怪石组成的王室后院,有芙蓉池、芙蓉亭、映花堂、鱼水门、半岛池、玉流川等景点。昌德宫是现存的朝鲜宫阙中保存最完整的,其和谐布局的自然景观与朝鲜精神融为一体,是朝鲜传统园艺的杰作。昌德宫于1994年被联合国教科文组织列为"世界文化遗产"。

昌庆宫

昌庆宫是朝鲜王朝第九代国王成宗为3个后妃修建的住所。昌庆宫的雏形是朝鲜王朝第四代国王世宗为其父太宗所建的寿康宫,后被战火焚毁,一度荒废。昌庆宫从1483年2月开始动工,于1484年9月竣工,16世纪末毁于壬辰倭乱,战后几经重建。

纯宗即位后,昌庆宫遭到日本人的严重毁坏。1909年,日本人拆除宫内的殿阁,设置动物园和植物园,并将宫院改为日本式。强制签订《日韩合并条约》后,1911年,日本将昌庆宫下调到昌庆苑,切断连接昌庆宫和宗庙的山脉,铺设道路,在宫内种植数千棵日本人喜欢的樱花树,并从1924年开始举行夜间赏樱花活动。

光复后的很长一段时间里,昌庆宫被作为旅游设施使用。20世纪80年代,韩国政府制定了"昌庆宫复原计划",于1983年12月30日将其恢复为原来的名称"昌庆宫"。1984年至

1986 年 8 月,韩国政府清除了动物园和植物园设施以及日式建筑,把樱花树换成松树、枫树等,重建了传统的园林等,恢复了昌庆宫原来的面貌。如今,昌庆宫已被韩国政府指定为第 123号史迹。

昌庆宫正殿——明政殿/刘璐拍摄

德寿宫

德寿宫最初是朝鲜王朝第九代国王成宗之兄月山大君的住宅,壬辰倭乱后作为第十四代国王宣祖的临时住所,在光海君时期改名为庆运宫。朝鲜王朝后期,宫里没有像样的宫殿建筑,王室方面也几乎没有予以关注。

德寿宫大汉门/刘璐拍摄

高宗末年,朝鲜王朝卷入列强之间的政治旋涡。1897年,高宗从俄罗斯公馆迁到这里以后,在宫内建造了许多西式建筑,才具备了像宫殿一样宏伟的殿阁。这里是高宗即位后约10年时间里混乱政治的主要舞台。1907年,高宗将帝位传给皇太子,新即位的纯宗迁往昌德宫。成为太上皇的高宗继续留守庆运宫。纯宗为了祈求高宗长寿,将庆运宫改名为德寿宫。

1910年,其第一座文艺复兴式建筑石造殿建成,石造殿在朝鲜战争中被烧毁。此后,德寿宫被改为公园,向大众开放,石造殿到1986年为止一直被用作国立现代美术馆。

德寿宫石造殿/刘璐拍摄

　　在德寿宫，既可以看到传统的木制建筑，也可以看到西式建筑石造殿。这里是东西方文化交织融合的舞台。德寿宫在从19世纪末到20世纪初约10年时间里，见证了国家和王室大大小小的历史事件，见证了朝鲜王朝走向末路的历史性悲剧，承载了韩国人强烈的民族精神和爱国主义，在韩国所有的宫殿中占据着独特的位置。德寿宫于1963年1月18日被指定为第124号史迹。

德寿宫传统木制建筑——德弘殿/刘璐拍摄

浪漫海岛——济州岛

韩国和朝鲜都有"三千里锦绣江山"之说。朝鲜半岛三面环海,由半岛本土与周围的约 3300 个大小岛屿组成,总面积约 22 万平方千米。其清新、浪漫的海岛和波光粼粼的大海,水色秀丽,让人流连忘返。

一提到韩国的浪漫海岛,人们就会想到脍炙人口的韩剧拍摄地、韩国的"夏威夷"——济州岛。韩剧中的男女主人公在济州岛上演绎了太多纯洁、浪漫的爱情故事,从而为它打上了浪漫、温馨的注脚。在重温剧中主人公浪漫爱情的同时,很容易就滋生出许多情愫,更让济州岛成为大家慕名已久的浪漫海岛。就像韩剧里说的那样:天气好得仿佛走着走着就能遇见你。

济州岛的黄昏/查玉童拍摄

　　济州岛是韩国最大的岛屿,是世界上有名的火山岛和世界
新七大自然奇观之一,因 120 万年前火山活动而形成。岛中央
是韩国最高峰——汉拿山。火山活动中产生的寄生火山、熔岩
洞窟、玄武岩地带等地貌构成了济州岛独特的地形特征。寄生
火山是指依附在大火山旁边的小火山。熔岩洞窟是熔岩喷发
形成的地貌,如万丈窟。济州岛因为拥有独特的玄武岩地带,

水通常渗入地下，河流很难发达。因此，济州岛的村子一直以海岸为中心发展。

济州岛属于韩国济州特别自治道。韩国济州特别自治道是指包括济州岛及其周边岛屿在内的行政区域，人口少，但拥有特别自治权。2007年，济州火山岛和熔岩洞窟被联合国教科文组织列入"世界遗产名录"。

济州岛有"三多"和"三无"之说。"三多"是指石多、风多、女性多。济州岛就是由火山爆发形成的，所以济州岛上石头、洞窟特别多；济州岛地处台风带，因此风多；以前济州岛上的男人出海捕鱼，遇难身亡比例很高，所以女性多于男性。因此，济州岛也被称为三多岛。"三无"是指无小偷、无大门、无乞丐。济州岛上自古没有人靠偷窃、乞讨为生，自然也就没有必要设置大门提防自己的邻居。所以，当主人暂时出去时，就在家门口处搭上1根横木；如果去了较远的地方，则搭上2根横木；如果一整天不在家，则搭上3根横木。

汉拿山是韩国最高的山，海拔1950米，意思是"能拿下银河的高山"，自古以来就广为人知。汉拿山是因火山喷发而形成的休眠火山，南边倾斜度大，北边平缓，东西边较高，但比较平坦。汉拿山海岸地带有瀑布和柱状节理等美丽的火山地形，根据海拔高度，分布着亚热带、温带、亚寒带等的1800多种高山植物，植被变化明显。春天可以欣赏漫山遍野的杜鹃花，夏天可以感受草木繁茂的热带密林，秋天可以欣赏绝美的万山枫叶，冬天可以欣赏浪漫的雪景和云海。汉拿山上大都覆盖着玄武岩，山顶有一个火山湖，名为白鹿潭。白鹿潭周长约为1.72千米，最深深度为150米。传说曾有骑着白鹿的神仙下凡来此饮水，因此得名白鹿潭。

济州岛还有很多世界级规模的熔岩洞窟，主要有80多个熔岩洞窟分布在岛的西北和东北方向。在岛的东北方向,位于济州市旧左邑的万丈窟是其最具代表性的洞窟。从很久以前起,济州岛方言中意为"万人坑"(即"非常深")的万丈窟一直被当地居民所熟知,但由于出入口被树木遮盖,而且洞穴里面非常危险,所以一直没有被挖掘,直到 1958 年才首次被世人所知。

万丈窟总长 8928 米,宽 2—23 米,高 2—30 米,是一个超大规模的溶洞,被誉为世界上最大、最长的熔岩洞窟。沿着宽敞的入口往里走 15 米,从洞窟里涌来的阴冷空气会刺痛肺部。洞内温度常年维持在 11—21℃,栖息着很多珍稀生物。再往里走 400 米左右,就能看到落石堆,这里的高度为 15 米。从这里再往里走 200 米,就会看到一个像"千年乌龟"一样宽 2 米、高 0.7 米、长 3 米的"龟岩"。这是熔岩流淌下来冷却后形成的,形状类似缩小版的济州岛地形,因此显得非常神秘。万丈窟对游客开放的最后一个景点是一根长达 7.6 米的熔岩石柱。这是世界上最长的熔岩柱。该熔岩柱是在万丈窟形成之后,从缝隙流进来的熔岩掉在地上凝固形成的,就像被冻住的瀑布,倒立于空中,挡住了万丈窟的前方,形成了绝美而壮观的万丈窟一景。万丈窟内奇妙的钟乳石和华丽的熔岩石,千姿百态的石笋、石幔、石钟乳层层遍布,令人称奇。洞窟内的天花板上会有水哗哗地落下,传说如果被水浇到就可以白发变黑发,因此许多游客,尤其是年长者常常为了变黑发而故意被水浇到。作为长度居世界第一位的熔岩洞窟,万丈窟于 1970 年 3 月 28 日被指定为天然纪念物第 98 号而受保护。

购物天堂

首尔作为朝鲜王朝 600 多年的都城,既拥有悠久的历史和古老的建筑,也是一座年轻、充满活力的城市。首尔琳琅满目的现代商品吸引着朝气蓬勃的年轻人前来购物,其消费者物价指数居世界第五位。首尔是世界十大金融中心之一,是世界重要的经济中心。韩国的时尚购物中心有明洞、东大门市场、南大门市场等年轻人耳熟能详的现代购物中心。

明洞

　　明洞是首尔具有代表性的繁华商业区域,占地 99 平方千米,是批发、零售和金融等产业的密集地区。朝鲜王朝时期,该地区住宅密集。日本帝国主义殖民时期,随着忠武路一带被开发为商业区,明洞也逐渐变成商业区。光复时期,韩国文人聚集在明洞街道的茶馆和酒吧里,讨论国家和人生,倾吐光复前不幸时代的遗憾和情感,畅谈光复的喜悦和民族情怀,明洞一度成为首尔的文化和艺术中心。

　　近代,韩国政府为把这一地区发展成国际旅游、购物、文化名胜地区,将明洞指定为旅游特区,建设了连接仁寺洞至三角洞、明洞的尖端文化观光街。如今,明洞不仅聚集了高档餐厅、大型百货商场、各种办公室和金融机构,国立剧场、明洞教堂、大使馆、中央邮电局等也林立于此。光复时期,文人聚集畅谈的茶馆也成为当今音乐、美术、文学、照片、戏剧等文化和艺术展出的舞台。随着韩国经济的迅猛发展,明洞已经变成了韩国人的消费中心和娱乐中心,也成为外国观光者来首尔必经的一站。

　　去明洞游玩,除了购物和娱乐外,不能遗漏的便是韩国天主教的"大本营"——明洞教堂。明洞教堂曾因是民主党人士举行各种集会和示威的场所而广为人知。20 世纪 80—90 年代,由于示威频繁,明洞教堂失去了原来庄严又浪漫的面貌,但明洞每年都会举行明洞庆典来找回其原来的面貌,提高国际声誉,吸引游客。

明洞/李刚拍摄

东大门市场

东大门作为韩国的尖端服装基地,以购物胜地而闻名,是外国游客必到的旅游胜地。东大门市场创建于 1905 年,前身是韩国商人朴承稷、张斗贤、崔仁成、金汉圭等人建立的广场股份公司。其设立不仅是为了经营东大门市场,还为了办理土地、房屋买卖和金钱贷款等业务。东大门在朝鲜战争中完全遭到破坏,但首尔被收复后,随着军用物资和生活必需品市场交易的活跃,东大门市场的建筑物又恢复起来。

东大门市场 24 小时营业,有 Doota、Migliore、Freya、设计师俱乐部等大型购物中心,还有和平市场、新和平市场、东和平市场等传统市场,是现代购物大楼和传统市场混合的地区,形成了独特的消费氛围,是年轻人的购物天堂。东大门市场的物品应有尽有,从主导流行的装饰品,到衣服、鞋等物品都可以在此买到,是外国游客最喜欢来的地方。此外,东大门市场还设置了货币兑换、多种外语导购、购物指南等服务系统,以方便外国游客旅游购物。

东大门 Doota 大厦/马晓霖拍摄

东大门运动场前的艺术广场、设计师俱乐部等都是形成现代商圈的地方,每天从傍晚到凌晨,来自全国各地的批发零售商汇集在此。Migliore、Doota 等大型购物中心以零售为主,营业时间为上午 10:30 到次日凌晨 5:00,深受年轻人的喜爱。东大门的每个购物中心都有室外演出场地,举行歌手演出、舞蹈比赛等多种多样的活动,使这里变得热闹非凡。对于年轻人来说,在东大门市场不仅可以看到五光十色的现代商品,还可以感受生活的活力,体验新鲜刺激的夜生活。

南大门市场

南大门市场是韩国最大的综合传统市场,规模庞大,产品种类繁多、价格低廉、可零售、可批发。南大门市场在朝鲜战争中成为废墟。首尔被收复以后,北方难民在此摆地摊,买卖美军的军用援助物资,南大门市场才开始重新活跃起来。1954 年2 月 3 日,南大门股份公司成立,但 1957 年因财政困难解散,南大门商人联合繁荣会开始管理市场。1963 年,由地主、商人共同出资的南大门市场股份公司成立,但 1968 年和 1975 年相继发生火灾,部分市场被烧毁。以此为契机,地下 3 层、地上 25层的南大门市场现代化计划出台了。

南大门市场目前经营服装、纺织品、厨房用品、家电产品、土特产、水产品等。尤其以销售女装和童装为主,其中童装在全国童装市场份额中占 90%以上。南大门各店铺虽然规模较小,但都是直接生产和销售商品的独立企业,具有生产者和消费者直接联系的流通结构。因此,南大门市场上的商品价格与流通费非常低廉,而且兼具批发和零售环节。南大门市场不仅在中间批发商和零售商群体中备受欢迎,也是散客喜欢光顾之地。

整容王国

2011 年,一档整容题材的韩国节目《Let 美人》一经播出便引起了海内外的广泛关注。《Let 美人》是一档全程记录女性蜕变的节目,节目组找寻了一些容貌缺陷较大,且容貌对生活造成较大困扰的素人，如因下巴过于突出导致上下牙齿咬合不齐，连吃饭都困难的人，或因脸颊上有火焰型胎记而脸部扭曲的人。节目组帮助这些因为面容丑陋而失去信心的女性进行手术整形、形体训练、时尚包装等全方位的改造，让她们重燃生活的勇气，拥有美丽和自信，实现美丽梦想。

《Let 美人》这个节目自 2011 年开播后已经播出了 5 季，希望能帮助因为外表而备受歧视，甚至严重影响生活的人，通过整形得以重生，展开崭新的人生。但也有人指出该节目宣扬了"外貌至上主义"，于是 2015 年电视台考虑到社会情绪等综合因素，决定不再制作新一季《Let 美人》，今后也不再推出整容题材的节目。即便如此，不少国外网民还是通过《Let 美人》对韩国的整容技术惊叹不已。

韩国人注重面子的民族特点和对美、年轻的强烈追求催生了韩国火热的整容文化。2013 年初，英国《经济学人》调查得出，韩国每 1000 名人口便进行了 13.5 次整形手术，其中还有一人进行多次整容手术的情况。① 如今，韩国国民对整容的态度更加开明，整容被他们广泛接受，甚至高中毕业的成人礼上，家长都会送孩子整容套餐，只为了孩子在进入大学后有好的形象，从而在很多方面更加有优势。

韩国的狎鸥亭因汇集了韩国的整容医院、处在韩国整容医学的前沿地带而声名鹊起，被誉为"整容一条街"。狎鸥亭位于首尔市江南区。首尔被汉江分成了江北和江南地区。江南地区是新发展的地区，地价昂贵，高级消费场所鳞次栉比，是上流社会的集中地。许多富豪和社会名流在此居住，它象征着韩国

---

① 李钰:《韩国整形经济的新拐点》,《中国新时代》2013 年第 8 期,第 42—45 页。

的"时尚"和"富裕"。鸟叔 Psy 的成名曲《江南 Style》中的"江南"正是指首尔江南地区。狎鸥亭则是江南高档住宅云集之地和商业繁华区。走在地铁狎鸥亭站,就会发现地铁站里面布满独具匠心的整容外科广告;走出地铁站,狎鸥亭街道两边大大小小的整容医院更是狎鸥亭一道独特的风景线,细细观察路边的商业楼,会发现整栋楼里都是各种各样的整容医院。狎鸥亭一带的整容医院大都占地面积不大,但干净整洁,业务繁忙,日程紧张。

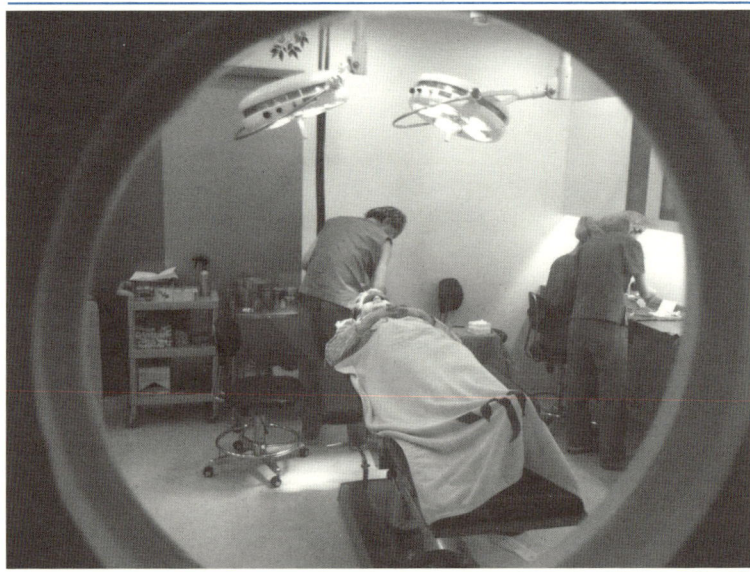

某整容医院一角/马晓霖拍摄

韩国整容业的开端和发展有其特殊的历史机缘。1953 年,朝鲜战争停止,大批的伤员在战争中被毁容,急需做面容修复手术。于是美国医生大卫·米拉德受邀赴韩,成批量地为他们做手术。因此,韩国的整容技术起源于伤员的面容修复手术,当时并不是健康人求美的途径。但总有第一个吃螃蟹的人,那就是大卫·米拉德的翻译官。这位韩籍翻译官受欧美风气的影响,不喜欢自己的小眼睛和塌鼻子,于是要求大卫·米拉德给他开眼角,割双眼皮,垫鼻梁。于是,一个符合亚洲人审美的帅哥诞生了。虽然这位翻译官整容非常成功,但在当时整容并没有普及开来。一方面,当时韩国人深受儒家文化的影响,"身体发肤受之父母,不敢毁伤,孝之始也"的观念十分坚定,而整容对于韩国人来说还是一个新生事物,并没有得到推广;另一方面,这种手术价格昂贵,风险很大,很少有寻常百姓愿意尝试这种高风险的手术。

直到 1973 年,韩国创造了"汉江奇迹",经济迅猛发展,人民生活水平提升,普通民众也开始有能力承担整容费用。随着韩国第一家独立的整形外科诞生,普通民众开始慢慢接触整容,于是整容在韩国润物细无声地发展起来。经济发展使得寻常百姓开始接受整容,而经济的衰退则催生了韩国的整容产业。1997 年金融危机导致韩国经济衰退,失业率频频升高。面对这样的经济逆势和高失业率,韩国百姓希望通过整容来提高自己就业的竞争力。于是,整容业在韩国金融危机之时反而迎来了高速发展。

如今,整形美容在韩国市场已经成为新兴产业,韩国的整容医院已经向集团化、规模化、多元化发展,越来越多的人轻松地走进整形美容医院,尤其是微整形渐成风气,整形美容已经不再是少数人的事情。韩国整容作为一个完整的产业链,近年来吸引了很多来自他国的消费者赴韩整容。韩国政府也于2006 年建立了"政府与民间联合协议体",大力推动医疗观光产业的发展。从政府到民间,韩国各方都大力推行医疗观光的宣传。整形美容业已经成为韩国的一张名片,成为韩国的一个新兴支柱产业,并且带动了韩国医疗旅游业的发展。韩国的整形美容业一年的产值有 600 多亿美元,占韩国 GDP 的 4％左右。

　　韩国先进的整容技术和流行的整容文化,源于韩国人的"面子文化"。韩国人对面子的要求近乎执着。韩国的女性,无论是年轻的小姑娘还是中年妇女,甚至是老年人,在早上离开家门前,都会花很多时间洗头发、化妆、挑选衣服。所以,人们会发现有很多老奶奶化着精致的妆容、穿着合宜的衣服行走在韩国的大街小道上,不禁感叹韩国人从少到老对外貌的高追求。如果有人不化妆就出门,韩国人不管男性还是女性都会觉得对方对自己不尊重。如果时间实在紧迫来不及化妆,韩国人也会带上帽子和口罩,遮掩自己的素颜面容。在韩国有一种说法叫作"外貌至上主义"。一个人的容貌甚至会直接影响他的工作、婚姻甚至前途。在学校里或者职场上,韩国人会肆意评价一个人的容貌。有时候,外貌甚至决定了一个人的能力大小和受欢迎的程度。大学教授的容貌会被学生当作品评其教授课程是否优秀的一项指标。漂亮的职场女性会更受欢迎,工作起来会更加得心应手。外貌就像韩国人的一张名片,影响着韩国人生活的方方面面。在韩国有一句话叫作"耳朵好看的人有做乞丐的,但鼻子好看的乞丐却找不到"。可以想象韩国人"外貌至上主义"的观念已深入骨髓。这样的文化背景推动了韩国整容行业的发展,整容观念在韩国的深入程度令人咂舌,有的韩国人甚至骄傲地把自己的国家叫作"整容王国"。

韩国影视文化

在"韩流"中,韩国影视文化占据着重要的位置。韩国影视爆发出惊人的创造力,成为国际电视电影行业中不可忽视的一个重要角色。那么,为什么这个与我们相邻的国家在 20 世纪 90 年代至今的几十年里,电视电影行业可以发展得如此迅猛,创造出如此丰富的高水平佳作呢? 让我们一探究竟。

20 世纪末的亚洲金融危机使韩国政府意识到,在本国物质资源并不丰富的情况下,应将发展重点集中到文化产业上,以"文化立国"战略推动韩国经济的复兴,同时,以文化产业的发展提升韩国文化软实力,使韩国成为世界文化大国。韩国政府于 1998 年正式提出"文化立国"的方针,将促进文化产业的发展上升到国家战略的高度。政府相继出台了相关政策法规,在 2001 年设立了促进韩国文化产业专门化、系统化的"文化产业振兴院",并且逐年加大对文化产业的投资和文化财政预算。

韩国电视剧就是早期"韩流"文化的重要组成部分之一。在中韩建交的第二年,即 1993 年,韩国电视剧开始进入中国,但当时并未引起多大反响。直到 1997 年,中国中央电视台播出了韩国电视剧《爱情是什么》,由此韩国电视剧在中国引起了巨大轰动。以此为契机,韩国娱乐文化快速涌入中国,"韩流"应运而生。进入 21 世纪,《蓝色生死恋》《冬季恋歌》《大长今》《浪漫满屋》《豪杰春香》《我叫金三顺》等电视剧在各地热播,掀起"韩流"热潮。近年来,《来自星星的你》《请回答 1988》等电视剧又一次将韩剧和"韩流"文化推向高潮。

情迷经典韩剧

《来自星星的你》

《朝鲜王朝实录·光海君日记》中记录了 1609 年未确认飞行物的故事,《来自星星的你》以此为基础,讲述了 400 年前坠落在地球的外星人都敏俊和"韩流"女神千颂伊奇迹般的爱情故事。都敏俊是一位大学教授,拥有超能力和年轻英俊的外貌。千颂伊是一位性格直爽、霸道但没有接受过正统教育的"韩流"明星,因卷入意外事件,事业不幸跌入低谷,同时爱上了时时出现在身边保护自己的邻居都敏俊。

一提到韩剧,人们就会想到浪漫的恋爱、复杂的家庭关系以及秘密身世等桥段。韩剧在赚取女孩们眼泪的同时也难免让人审美疲劳,但是这部电视剧结合了浪漫喜剧、超能力、历史、犯罪等多种题材。例如,千颂伊和都敏俊的恋情是浪漫喜剧,都敏俊回忆的过去是朝鲜时代和日本帝国主义统治时代等的历史内容,李在京是犯罪者,柳石检察官和朴刑警是调查杀人事件的刑侦角色,洪社长和漫画房无业游民们是搞笑角色。《来自星星的你》融入了各种题材的特色,突出了故事情节的密度和角色的魅力,成功抓住了海内外观众的心。

随着《来自星星的你》在海内外的热播,电视剧中人物使用的物品和服装等受到了持续关注,像女主角的口红和男主角的运动鞋甚至出现了断货现象。中国刮起了一股"炸鸡啤酒"热潮,中国人开始喜欢吃炸鸡、喝啤酒,拿着炸鸡和啤酒拍照,然后在微博上发布,在当时成为一种流行。电视剧的各大拍摄地也成了大家赴韩国旅游的热门景点。"韩流"文化的世界化除了为韩国带来了大笔外汇的直接经济收益外,也给其带来了丰厚的间接利益,韩国的旅游观光业、音像制品业、出版业等都因"韩流"的盛行而发展壮大。

《请回答1988》

没有超能力,没有华丽服饰,没有霸道总裁和灰姑娘,没有癌症和车祸,《请回答1988》靠着朴实的家庭邻里关系和温情日常,成为一部分挑剔的韩剧迷心目中的第一位。那么,它的魔力究竟在哪里呢?

"你最幸福的时光是什么时候?"

"我18岁时韩国举行了我们国家建国以来的最大盛会'汉城奥运会';我高考的1989年,柏林墙倒塌;我上大学的1990年,MBC广播《裴哲洙的音乐基地》开始了。我生活的这个时代是特别的。但有些小日子、小事件,我也依然记得清清楚楚。比如爸爸发工资的那天给我买了一个黄色的信封,全家团团围坐在一起观看《一个屋檐下的三个家庭》。我还想起了我们家前面的房子、邻居和大家一起生活过的胡同。这些过去的回忆模模糊糊地浮现在眼前,让我辗转反侧,成为今天让我快乐的音符。"我的韩国朋友善熙这样说道。而《请回答1988》就是通过青春时代的小事唤起了人们的记忆,这种主题内蕴、情感建构、意境营造吸引了观众。

《请回答1988》是韩国TVN从2015年末到2016年初播出的电视剧,是"请回答"系列的第三部作品。该片以1988年汉城道峰区双门洞凤凰堂小巷为背景,讲述了5个家庭的邻里温情和平凡小市民的故事,以及在凤凰堂胡同里一起长大的5个朋友德善、善宇、东龙、崔泽、正焕。他们都出生于1971年,从小一起长大,有着共同的兴趣爱好和崇拜的偶像,彼此之间还有着暧昧的男女情愫。在那个纯真的年代,他们共同谱写了许多美好的回忆。

　　这部剧里除了描述邻里街坊的日常温情外,还展现了许多韩国的历史大事件。例如第一集中,女主角德善被选为汉城奥运会马达加斯加代表团的举旗手,这其实取材于真实事件。1988 年,马达加斯加确实拒绝参加汉城奥运会,而真实的举旗手刘荣信最后则作为颁奖典礼人员进入摔跤竞技场。这些历史背景使观众有一定的代入感。除此之外,这部剧还忠实地呈现了当时的流行文化,如李文世的音乐广播节目、穿牛仔衣、用火柴棍烫睫毛、吃炸鸡、玩游戏卡。这些情景都细致生动地呈现了 20 世纪 80 年代韩国的日常生活,唤起了经历过这一年代的人们的青春回忆,也让观看这部电视剧的海外观众对韩国文化有了更具体的了解。

　　以这部剧为典型代表,观众可以通过作品进入普通韩国家庭的真实生活,感受到传统的儒家文化、家庭观念和协作意识与新生活观念的冲撞。它触及整个东亚传统文化步入现代社会进程中的精神重建内容,容纳并且丰富了我们对共同面临着的世界性文化命题——爱情、道德、忠诚、伦理和人性的审美理解。韩国影视成功地实现了跨国、跨界、跨文化传播,在历史文化上一直处于弱势的韩国从此成为文化输出国。

韩国电影劲袭

　　韩国电影中最有特色的便是基于现实事件或特定时代背景的影片。韩国的现实主义题材电影,折射的多是韩国的社会现实问题,或愤怒,或绝望,或悲伤,或晦暗,或恐怖,电影结局未必圆满,却引起人们的思考,在国内外引发舆论热潮,甚至可以更改韩国的历史进程。

《寄生虫》

"活在地下的人还少吗？算上半地下的就更多了。"

"婚礼也像是在这里办的，反正国民退休金和我没关系，老了以后，就是靠着'情'字活着呗。"

"不是'有钱却很善良'，是'有钱所以善良'，懂吗？如果我有这些钱的话，我也会很善良，超级善良。"

"要是这些钱全是我的，我肯定更善良。"

"有钱人家的孩子也没有褶皱，钱就是熨斗，把褶皱全给烫平了。"

"一个警卫职缺都有 500 个大学毕业生应征的时代，我们却全家都找到了工作。"

"最好的计划就是没有计划。因为一旦订了计划，人生就绝对不会按照计划来。所以做人就得没有计划，没有计划也就不会出差错。"

"过得好的人，更容易成为好人。"

"等我有钱，要买下这间房子，等搬进去，我和妈妈会待在庭院，因为阳光真的很棒。爸爸只要从地下室走上来就好了，在那天来临之前，请好好保重。"

这些语句全部出自韩国的一部现实主义题材电影——《寄生虫》。

如果说韩国电视剧为韩国文化在世界的传播打开了大门，扩大了韩国的国际影响力，那么，韩国电影的成就则大大提升了韩国的国家形象与软实力，增强了韩国民众的民族自豪感与文化自信。《寄生虫》可以说是 2019 年受欢迎的影片之一。这部电影在全球取得了超高口碑,不仅是韩国电影史上第一部获得金棕榈最佳影片奖的电影,而且在 2020 年 2 月的第 92 届奥斯卡金像奖上获得最佳影片奖、最佳国际影片、最佳导演和最佳原创剧本 4 项大奖。这也是韩国电影首次在奥斯卡上获奖。导演奉俊昊在领奖时说:"写剧本总是一趟孤独的旅程,虽然我们写剧本不是为了代表国家,但这确实是韩国的第一尊奥斯卡奖。"因此,这部电影对韩国电影行业的意义重大。

《寄生虫》扛起现实主义的大旗,对韩国的贫富差距、阶级矛盾等社会现实进行深刻批判,直指人心。无业游民金基泽一家生活在半地下室中,IT 公司老总朴先生家住在建筑大师设计的豪宅中。基泽全家人平时以给比萨店折叠外卖盒为生。大儿子基宇被寄托了家人的生计希望,但是他多次参加高考铩羽而归。在他的同学即将出国留学时,事情出现了转机。他的同学让基宇接替他给一个富家千金辅导英语。而这个富家千金正是朴先生家人。

随着基宇"应聘"成功,基宇在和女主人的言谈中发现女主人善良、单纯,溺爱她的小儿子,因此发现了可乘之机,编造出了一个"艺术辅导师"的人设,试图将自己的妹妹介绍进来成为艺术老师。从这里开始,金家一家人开始了"举家入侵"朴家的过程,儿子是英语老师,女儿是艺术老师,爸爸给男主人开车,妈妈顶替了原来管家的位置。他们一家人如同寄生虫般依附在朴先生家以获取其生存的营养,但最终又如同蟑螂一般被杀害。朴夫人的单纯和基泽一家人的处心积虑形成了鲜明的对比,让人觉得可悲又可笑。

贯穿电影始终的就是富人和穷人的这对矛盾。电影通过韩国社会底层和社会高层的鲜明对比,表达了人性的冷漠、善恶以及社会阶层的高低不等，将金钱、欲望、人性、阶级等问题展现得淋漓尽致。

谎言能够粉饰浅显表象，却改变不了内在的本质。他们竭力掩饰自己的真实身份，却被身上散发出的共同气味所出卖。基泽作为司机进入朴家之时，富人家的儿子一下就闻出他和保姆身上的气味是相同的。穷人家的女儿基婷说："这是半地下室房间的气味，要离开这里才能摆脱那个气味。"金家人身上的这种气味，是一种长此以往生活在其中所熏染的味道，早已沉淀于内心深处，根深蒂固。而朴先生说，金司机身上的味道，就像他偶尔搭地铁时闻到的味道，难以形容，却又四处氤氲。影片通过对气味的特写来体现不同阶层间的藩篱与隔阂。

一个国家或者地区的贫富差距通常用基尼系数来表示。基尼系数通常在 0—1 之间，基尼系数越高，代表贫富差距越大，基尼系数超过 0.4，则意味着贫富差距较大，容易引发社会问题。而韩国 2015—2017 年的基尼系数分别为 0.396、0.402、0.406，逐年升高。《寄生虫》在这样的社会背景下诞生，通过代入穷人与富人的视角来讨论阶级矛盾，反映了韩国社会的阶级差异、贫富差距及其给社会带来的巨大压力。外媒曾评论本片"是一部关于社会地位、抱负、唯物主义、父权家庭的黑色喜剧"。

《辩护人》

> "岩石再坚硬也是死的，鸡蛋再脆弱也是有生命的。石头最终会化为沙土，而鸡蛋孕育的生命总有一天会飞越石头。"
>
> "因为国民不富裕就不能受法律保护，不能享受民主主义，这种说法我是无法接受的。"

"在这里朴镇宇及其他被告人全部不是被告人，是这个不当和暴力的公权力的被害者。"

"我想让我的孩子们不要生活在因这种荒唐的事踩刹车的时代。"

"这算什么违法？正是因为这些滥用法律的人，国家才变成现在这个德行。"

"国家，证人所说的国家到底是什么？《大韩民国宪法》第一条第二项，大韩民国主权属于国家，所有的权力都由国民产生，国家即国民。但是证人毫无法律依据，一味强调国家安保，就把国家践踏在了脚下，证人所说的国家只是强制取得政权的一小部分。你是让善良无罪的国家生病的蛆虫，军事政权肮脏的帮手而已。说出真相，那才是真正的爱国。"

"在这种市民无法行使自己法律权利的时候，作为法务人员，我更应该走在最前面，这才是真正的法务人员的义务。"

这些正义激昂之词，为我们呈现了一个栩栩如生的英雄人物——宋佑硕。这正是韩国电影《辩护人》的主人公，一个高中学历，没有任何背景，只有律师资格证，以不动产代书业务起家，但最终却成为兼济天下、对抗公权、为民主辩护的英雄律师。

1978 年，只有高中学历的宋佑硕通过多年的艰苦努力，终于通过司法考试，并在成为法官后很快转行成为一名律师。他敏锐地从最新政策中嗅到商机，以不动产代书业务起家，赚了不少钱，让妻儿过上富足的生活，但却遭到了圈内人的不齿，被讥讽为随时随地派发名片的夜店小弟。进入 20 世纪 80 年代，虽然韩国民主化斗争愈演愈烈，但宋佑硕无暇专注政治，而是独善其身地继续赚钱。

当昔年好友打算委托他打一场有关《国家保安法》的官司时，他的第一反应是拒绝。但他也是一个热血青年。宋佑硕生活条件好了以后，想为国家做点什么，就买了一艘帆船，每天练习帆船，目的是参加奥运会为国争光。

然而社会的巨变已经不容他置身事外，多年前他穷困潦倒的时候吃了一家餐馆的饭没有结账偷偷溜走，赚钱之后，他带着妻儿登门打算偿还这份情谊，但饭店老板娘拒绝了他的物质偿还。后来，宋佑硕时常带人来光顾老板娘的生意，两家建立起了深厚的友谊。老板娘的儿子朴振宇参与了釜山读书联合会，被指控为参加左翼社团而遭到了逮捕，更受到残酷的虐待和不公的指控。宋佑硕感念老板娘昔年情分，同时被公权力的粗暴与肆意所撼动，未经任何犹豫便答应了做辩护人的请求，由此，走上了为民发声、为民请愿的道路。

《辩护人》可以说是改变韩国现实的一部电影，因为这部电影取材于韩国的真实事件——釜林事件。

1981 年 9 月，韩国新军部政权（全斗焕独裁政府）初期，公安当局在没有命令的情况下，以传阅有害书籍、组织非法集会和涉嫌违犯《国家保安法》等理由，非法逮捕并监禁了正在釜山市参加社会科学读书聚会的大学生、教师、公司职员、社会活动家等 22 人，还对他们进行刑讯。

检方以涉嫌违犯《国家保安法》《戒严法》《集会和示威相关法律》为由，要求判处相关人员 3—10 年有期徒刑，法庭判处相关人员5—7年重刑。当时在釜山地区担任律师的卢武铉、金光日等人免费担任了辩护律师。特别是卢武铉，在见了被拷问的学生后，震惊于国家权力的横行，义无反顾地走上了人权律师的道路。1983 年 12 月,受害者全部因停止执行刑罚而获释,并在釜山地区民主化运动的中心展开了活动。

受害者于 1999 年向韩国司法部提出重审,被驳回;2006 年以《5·18 民主化运动等相关特别法》为依据再次上告。2009 年,大法院仅对其违犯《戒严法》等罪名判处无罪,而对违犯《国家安全法》和《反共法》相关法条则判定为不属于重审理由,因此部分胜诉。

《辩护人》上映 2 个月后,即 2014 年 2 月 13 日,釜山地方法院对剩余的有罪判决进行了再审,对所有罪名都判处无罪。此时,距离一审判决已有 33 年。对此,检察机关以涉嫌违犯《国家安全法》和《反共法》为由,向大法院提出了上诉。同年 9 月 25 日,大法院在重审上诉案中宣判全部无罪,维持原判。另外,2016 年 7 月,釜山地方法院对"釜林事件"的受害者、总统秘书室前民政首席秘书官李浩哲做出了国家赔偿 3.7 亿多韩元精神损失费的判决。

正如导演吕克·贝松所言:电影不是济世良药,只是一片阿司匹林。一部好的影视作品能让我们细细端详生活的本真。可以说,《辩护人》这部影片的上映,客观上改变了韩国的历史进程,促使舆论监督当局,使釜山地方法院主动修正错误,更改了对"釜林事件"的判决。这"迟到的公正",是《辩护人》对韩国社会的回馈,也是对《辩护人》最大的赞赏。

韩国电影的发展离不开韩国政府的大力支持。自 1998 年"文化立国"的方针提出以来,《文化产业振兴基本法》《著作权法》《影响振兴基本法》《广播法》《演出法》等一系列法律的出台为影视行业的快速发展提供了政策依据和保障,为韩国电影文化发展带来了重要的机遇和空间。随着电影行业的不断繁荣和发展,韩国陆续举办了多次具有国际影响力的电影节,象征着韩国电影在国际电影市场中逐步确立了稳固的话语权,释放着难以掩盖的文化自信。

国家形象的建立除了依赖经济、军事等硬实力之外,越来越多地依赖以文化、价值观等为代表的软实力。在全球化、信息化、民主化时代,软实力的竞争成为国际竞争的新领域。中韩建交以来,韩国政府一直高度重视与中国的文化交流,以文化为媒介的公共外交在韩国对华关系中占据着重要地位。韩国政府的文化政策促进了韩国文化产业的突飞猛进,文化产业的振兴促进了韩国经济的发展,韩国文化在海外的传播与推广扩大了韩国的国际影响力,提升了韩国的国家形象与软实力,增强了韩国民众的民族自豪感。

韩国财阀体系

　　广义上的财阀通常指由某一家族(具有同族、近亲关系)独占出资作为资本中心的大型综合企业。通俗来讲,就是拥有强大的经济实力,能在金融界进行垄断的资本家,类似于金融寡头。

　　对于韩国来讲,财阀又具有某些特殊的含义。读音上,有英文词汇 chaebol 专指韩国财阀,意为"拥有巨大财富的宗族";数量上,韩国不同于其他国家,其大型财阀数量极少,导致了垄断性质越发明显;特征上,韩国财阀与韩国的政治、经济和文化等密切相关,并产生了极其深远的影响。

韩国财阀制度的发展

　　第二次世界大战后,朝鲜半岛政权被一分为二。1948 年 8 月 15 日,在美国的援助下,朝鲜半岛南部的大韩民国正式成立,李承晚担任韩国第一任总统。由于受战争影响,建立初期的大韩民国经济萧条,国家重化工业也难以发展。除了接受美国的援助外,国家领导人想尽办法,渴望通过自身努力振兴全国。

　　韩国国土面积狭小,三面环海,是一个典型的半岛国家,地形以山地、丘陵为主,地势起伏较大,平原较少,自然资源也相对匮乏,纵使矿产资源种类丰富,但有价值、可开发的资源数量极少,自给率低。作为刚建立的国家,完全依赖民间企业自行发展工业不太现实,因此韩国政府采取了类似美国1929年爆发经济危机后罗斯福采取的强制性经济干预政策。韩国政府接管了日本殖民主义者留下的2690家企业,并以比原价低的价格转让给私营企业。与此同时,为了激励实干家,韩国政府还为制造业的相关企业提供低息贷款等优惠政策。这样的土壤,孕育了20世纪50年代韩国财阀形成的物质基础。特别是依靠援助大幅增长的三白产业——面粉、制糖、棉纺织业,成为韩国财阀积累财富的契机。1953—1961年,韩国政府将美国提供的小麦、棉花、建设器材等价值17亿美元的援助物资廉价出售给私人企业。在这一过程中,原本的私营企业凭借美国的援助与国内政府政策的鼓励支持,逐渐完成了资本的原始积累,为今后成为实力愈加强势的财阀集团奠定了坚实的基础。

经过多年的发展,韩国经济有了一定的起色,但由于受限于韩国狭小的国内市场,且过度依赖美国援助,经济增速遇到了瓶颈,难以实现高速增长。1963年,韩国总统朴正熙执政时期,提出了"出口导向"政策,即打开国门,放眼海外市场,鼓励产品出口,进行海外贸易。为加大力度鼓励企业走出去,政府依旧为相关企业提供便利。

紧接着,20世纪70年代左右,韩国政府意识到发展重化工业的重要性与急切性,于是于1973年出台了另一项重要经济政策——"重化工业驱动"政策。政府将钢铁、造船、机械、石油化学、电气电子、有色金属6个行业选为战略产业,扶持全国重化工业企业,实施行业补贴、税费减免,甚至带有贸易保护主义倾向,禁止外商投资。韩国政府为培养以重化工业为主的出口产业,以20世纪60年代成长起来的企业为中心,不惜从金融、税制等方面提供政策援助。要在海外市场上确保最低限度的国际竞争力,需要大规模企业,而重化工业本身就是大规模产业。通过这一措施,财阀集团不仅掌握了重化工业等基础产业,还可以经营多数大型企业。一些野心勃勃的大企业不满足于现状,对中小企业进行兼并,扩张势力范围,从单一行业的大型企业演变为跨界财阀,实际上确立了对韩国经济的支配力。韩国由财阀主导的经济模式逐渐成形。

20世纪70年代末,各大财阀因重化工业投资过剩及重复、第二次石油危机、世界经济不景气等出口减少,面临着严重的经济危机。但是财阀通过一系列的结构调整和资本重组,强化了其支配结构,重新巩固了在重化工业领域的支配力。

20世纪80年代,财阀进一步加强了对国家经济的支配力。韩国财阀在矿业领域通过扩大与中小企业的转包系列关系,加强了对其的支配力,扩大了对金融部门的准入范围。财阀所占的股份,使其在金融信贷方面占据了有利地位。

因此,韩国财阀主要通过掌握一定的经济基础、建立综合贸易商社、发展重化工业、实行劳务输出、扩大流通领域、大规模地进行海外扩张来发展演变。

首先,20世纪50年代,政府将归属银行的大量股份卖给财团,又在1961年把财团掌握的银行股份收归国家所有。当时韩国的大部分金融机构都掌握在财团的手中。财团成为银行的大股东,为地方银行的设立进行投资。后来韩国实行银行民营化政策,财团将大部分地方银行民营化,而且这些银行也先后被财团控制。

其次,韩国政府提出"贸易出国"的口号,各个财阀不断地涉足贸易出口产业。后来,政府将以出口为中心的产业政策转向"重化工业驱动"的政策后,财团大量投入重化工业的发展,由此逐渐强大起来。

最后,20世纪80年代后期,财团在海外进行大规模的投资,逐渐开始流通业的高潮,建立了众多大型的百货商场、超级市场,同时也聚集了大量的流通商业资本。

经历这一过程后,21世纪出现了三星、现代、LG、SK等全球企业。目前韩国的财阀正在经历重新整顿和下一代经营权的继承过程。

三星集团

有句话说得好:韩国人一辈子离不开3件事,死亡、税收和三星。现如今,三星是韩国最大的企业,占韩国国内生产总值的1/4,同时也是世界最受尊敬的企业之一,拥有众多国际下属子公司。

1938年,时任三星会长李秉喆以30000韩元于韩国大邱市创立三星(其意为"又大又多且强大")商会,起初它只有40多名员工,是一家经营鱼干与面包等食品的贸易公司,主要在当地种植农产品,抗日战争的爆发为其提供了发展契机,而后大量产品出口至中国北京及满洲里。第二次世界大战后,发展到韩国首尔。从那时起,仅进行农产品贸易已满足不了三星的野心,三星积极寻找开拓业务的途径。然而,事与愿违,1950年开始的朝鲜战争使正在稳健发展的三星跌入谷底。困境中的三星逆流而上。1951年,三星将公司转移至港口城市——釜山,并成立了三星物产株式会社,秉承"事业报国"的雄心,积极帮助恢复、重振韩国经济。随后,建立"第一制糖""第一毛织"等,并确立为家族企业。同时,伴随着三星企业的发展,韩国也逐步实现了基础消费品的自给。

20世纪60年代初,韩国政局动荡,李秉喆在准确分析国情后,得出结论:目前电子业是最适合韩国国情发展的行业。于是1969年,三星开始生产电子产品,开拓科技领域。在有了资本积累后,借着国内和平发展的春风,三星提出了"第二个五年管理计划",进军重工业、国防、建设、化学品领域。1983 年,64K DRAM 和 VLSI 芯片的成功开发使三星在国际半导体市场崭露头角。其后几年,三星积极调整产业结构,拓展新领域业务,逐步建立了在世界高科技领域中的声誉。

三星 logo

1993 年,为庆祝公司成立 55 周年,以及进入"二次创业"5 周年,三星集团将公司 logo 进行了重新定义。将原来的"3 颗星星+SAMSUNG"改为用英文书写,去掉星星标志,以显示其在逐步走向世界以及扩展为全球公司的愿望。整个椭圆形状象征着不断前进与变化的世界,代表着锐意与创新、突破与变革。其首字母与尾字母前后呼应,犹如气息顺畅贯通,寓意三星能够与职员、顾客以及整个人类社会无障碍地沟通,传递着服务社会的理念。同时"S"与"G"也在一定程度上体现了突破椭圆形状,将内外联合串通,显示三星力争更好地融入世界,寄予了"永恒的强大"的憧憬。此标志在 2015 年又一次被修改,品牌 logo 被删除韩文并去掉蓝底,充分体现了极简设计的重要性,着力塑造三星国际品牌的形象。20 世纪 90 年代以来,三星不断做大做强,在成为世界一流企业后,努力向世界超一流企业迈进,一步一步,形成大型财阀集团,成为庞然大物。

现代集团

韩国现代集团是韩国大型多元化综合性财团之一,在世界500 强中排名第 36,是一家以建筑、造船、汽车行业为主,兼营钢铁、机械、贸易、运输、水泥生产、冶金、金融、电子工业等几十个行业的综合性企业集团。

1940年，郑周永作为第一代创始人，在首尔成立了当时罕见的汽车修配厂，这是现代集团的雏形。1946年，郑周永开办了现代汽车工业社。这是郑周永第一次把"现代"这个名字作为一个商业性的名称。随后郑周永又创办了现代土建社。1950年，现代汽车工业社和现代土建社合并为现代建设股份有限公司，由此拉开了"现代王朝"的序幕。

朝鲜战争爆发后，郑周永抓住契机，广泛承包建筑工程，成立现代商业运输公司，从事运输活动。战争为其提供了大量机会，加上美国的支持与援助，郑周永掌握了巨大商机。1967年，现代汽车公司成立，这是从现代建设股份有限公司分出来的第一个实体。20世纪70年代，该公司制造出韩国第一辆国产汽车，其蔚山工厂是世界第一大汽车工厂。截至1992年，韩国的汽车生产量名列世界第9，发展前景良好。20世纪80年代初，韩国现代数码电子公司成立，其后经过不断发展，成为韩国一家极具影响力的IT企业，产品线覆盖硬件、软件、在线游戏等系列产品。20世纪末整整10年中，现代集团一直雄踞韩国大企业集团排行榜榜首，鼎盛时期拥有80多个子公司，超过18万名员工，业务横跨造船、建筑、汽车等数十个行业，年销售额可抵韩国政府全年预算。

现代集团在韩国近现代经济发展史上创造了诸多第一，并率先在全球提出"Made in Korea"品牌，成为韩国企业走向世界的领头羊，提升了其在海外市场的知名度与竞争力。传言当时现代集团员工自豪宣称："世界了解韩国，是从了解现代开始的。"足见现代企业进军全球的战略与成就。之后，现代集团面临分裂，形成韩国现代重工集团（Hyundai Heavy Industries）、韩国现代起亚汽车集团(Hyundai Kia Automotive Group)、韩国现代集团(HYUNDAI)等。

韩国现代重工集团于 1972 年在朝鲜半岛东南部蔚山市成立,是现代集团的主要公司,是世界级别的综合型重工业公司、全球最大的造船公司,被称为"韩国重工业的摇篮"。其中含有 8 个事业部,造船事业部与发动机事业部则具有世界上最大的生产规模。

韩国现代起亚汽车集团是由一系列附属公司以复杂的控股方式组成的集团公司,核心企业是现代汽车公司,集团的前身是现代汽车集团。韩国现代起亚汽车集团目前是世界产量第五大的汽车生产商。

韩国现代集团包括现代电子、现代化学、现代商业、现代物流,2003 年被韩国金刚高丽化工(KCC)集团收购,实际上成为 KCC 集团子公司。

LG 集团

韩国 LG 集团是仅次于三星的韩国第二大集团,是生产电子产品、移动电话和石化产品等的韩国大型集团。

1945 年 8 月 15 日,朝鲜半岛从长达 35 年之久的日本殖民主义统治下解放出来,同时资本主义逐渐萌芽,这一社会大背景为 LG 集团的两大支柱产业——化学和电气电子产业奠定了基础。1947 年,具仁会作为第一代创始人在韩国首尔市创办了韩国第一家化学企业乐喜化学工业会社(Lak Hui),是具氏和许氏家族共同投资的企业,最开始只生产一款名叫"乐喜乳霜"的化妆品,由此开启了 LG 集团的新篇章。1952 年,正当朝鲜战争进行得如火如荼之时,LG 集团凭借不屈不挠、顽强拼搏的奋斗精神,顺应时代趋势,满足社会需求,先后生产出诸如牙刷、梳子等日用品，极大地方便了民众的生活。1954 年，LG 集团依靠自身科技研发成功开发出韩国最早的牙膏，并迅速垄断了韩国国内市场。1958 年，LG 集团以"金星电子公司"的名义将经营范围扩大到家用电器生产领域。此后，公司成为 Lucky-Goldstar 集团。

1969 年，创始人具仁会会长与世长辞，具滋暻接替其成为第二代会长。具滋暻上台后宣称"20 世纪 70 年代是 LG 集团走向国际化的转折时期"，立志于将企业发展路线瞄准全球，积极、踏实、稳扎稳打地制定走向国际化政策。1988 年，LG 集团在意大利、泰国、英国、墨西哥等国分别设立生产基地，随后，又相继推出了"F-88 计划"和"V 计划"。此长远发展规划进一步加快了全球化进程。与此同时，20 世纪 70 年代，在朴正熙总统的带领下，政府推动国家工业化进程，Lucky-Goldstar 集团将经营范围逐步拓展到重工业和石油化工业领域。1995 年，Lucky-Goldstar 集团正式更名为乐金集团。2005 年，乐金集团分裂，结束具氏和许氏家族的合作，此后两家族分别侧重于电子、化学、通信和石化、建筑、零售等不同领域。同年，LG 手机成为全球第四大手机厂商。此后，在第三代会长具本茂的带领下，LG 站上了创新技术和全球经营的新高度，发展态势良好。一直到现在，LG 集团由具光谟担任会长，在韩国有举足轻重的地位。

LG 集团 logo

LG 集团的 logo 由 2 个元素组成：灰色的 LG 徽标和红色圆圈内由"L"和"G"抽象而成的人脸图像。其中，圆圈中的字母"L"和"G"象征着世界、未来、青春、人和技术，同时也代表着 LG 为拉近与全球客户的关系而付出的努力。红色是主要颜色，代表着友好，也强烈地表达了 LG 传递最佳成果的承诺。右上角特意留出的空白使设计明显不对称，从而体现出 LG 的创造力和对变化的适应能力。整体呈现的笑脸面孔则传达出公司的亲切友善与平易近人。一只眼睛也代表着 LG 目标明确、专注和自信。

SK 集团

韩国 SK 能源集团成立于 1953 年，是韩国第三大跨国企业集团与第三大财阀企业集团，是韩国能源、化工和信息通信产业领域的佼佼者与领导者，不仅引领了国家基干产业的发展，同时也大力发展作为主力产业的金融、物流和服务等。

SK 集团的历史可追溯至 1953 年，其前身是鲜京织物。据悉，原鲜京织物是朝鲜"鲜满绸缎"和日本东京"京都织物"的合资公司，首任会长崔钟建曾于原公司担任见习技师。20 世纪50 年代，受朝鲜战争影响，韩国政府将大量日企卖给私人。崔钟建便借此契机，意欲修复、重振已沦为废墟的鲜京织物建筑。1953 年 4 月 8 日，崔钟建从政府手里购置原工厂用地并履行"归属财产"手续后，正式接管鲜京织物，重新成立了此公司。1962 年 8 月，鲜京株式会社正式成立。1966 年，鲜京织物企业收购海外通商后，更名为海外纤维，开始生产完成品，向生产醋酸纤维迈出了第一步，同时也可算作 SK 集团历史上第一次重要飞跃。

1969 年，涤纶工厂从鲜京化纤分离并成立了鲜京合纤，此后推进了醋酸纤维和涤纶事业的发展。1973 年,崔钟建从韩国政府手里收购了首尔沃克希尔酒店,正欲在酒店业大展拳脚之时,却不幸因肺癌去世。创业未半,中道崩殂,集团掌门人之位落到了崔钟建二弟崔钟贤头上。为响应 20 世纪 70 年代韩国大力发展重化工业与第三个五年经济开发政策,崔钟贤带头进行了企业的第一次产业结构调整——进军石化产业。1976 年,鲜京织物成立综合商社,成为出口的先锋。据统计,1976 年,鲜京实现出口 11335 万美元,创下了本期净利润 654000 美元的奇迹。

此后,借助与沙特阿拉伯建立的友好合作关系,鲜京在 1973 年和 1978 年爆发的两次石油危机中,以进口大量原油与签订原油供应合同为契机,于 1980 年成功收购大韩石油公社。在其投入石油开发的第三年,鲜京在北也门开始日产 15 万桶原油。1991 年,鲜京在蔚山综合产业园区内举行了 9 个新工厂的联合竣工仪式,标志着其具备了发展石油化工必需的所有设施,完成了"石油到纤维的纵向一体化",这也是 SK 集团历史上第二次重大飞跃。

同年,鲜京 INDUSTRY 决定涉足医药领域,成立生命科学研究所,开始正式打入医药事业。1990 年,鲜京与美国 IT 企业 CSC 公司合作成立了鲜京信息系统。这是 SK 集团的第二次产业结构调整——进军通信产业的成功,也是 SK 集团历史上第三次重大飞跃。1994 年,鲜京取得了韩国移动通信的经营权。1996 年 1 月,鲜京在世界范围内首次实现 CDMA 移动电话商用化,打开了信息通信产业新篇章。1997 年,作为世界上第三个开发出 IMF-2000 的试验平台,鲜京集团用无线通信提供语音、光谱数据和图像传输等多媒体服务,为国际互联网和 PC 通信对接提供多媒体在线服务(Netsgo),实现无线电话和无线寻呼对接,形成互联网—PC 通信—移动电话—无线寻呼相互兼容和对接的多媒体综合服务系统。

1998 年,鲜京依据国际标准,提取鲜京英文 SUN-KYUNG 的首字母 S 和 K 作为集团名称,即"SK 集团"。在能源化工领域,SK 集团是韩国最大的综合能源化工企业。其旗下的蔚山炼油厂是全球十大炼油厂之一,炼油产能为 84 万桶/天。在信息通信领域,SK 集团在 CDMA 方面实现首次商用并取得 2 代、3 代 CDMA 等的多方面成功。据 2018 年《财富》杂志发布的世界 500 强排名,SK 集团以 835.43 亿美元的收入排在第 84 位,同时旗下另一家集团 SK 海力士凭借 266.36 亿美元的收入排在第 422 位。

SK 集团作为韩国第三大财阀企业集团,成为左右韩国经济命脉力量中的重要一支,对韩国的经济兴衰与国际地位的提升起着难以估量的作用,在一定程度上推动了韩国经济的发展。伴随着集团的日益壮大,SK 集团逐步深入社会福利与公共事业领域。1974 年,韩国高等教育财团成立。该财团是韩国最大、历史最久、专注于教育的公益法人,也是 SK 集团社会公益事业的重要组成部分。2006 年,SK 集团成立了幸福分享财团,开展了幸福盒饭项目等多项社会贡献活动与增加就业机会的活动。由此可见,SK 集团在韩国的经济领域、社会福利和公共事务领域都占据着举足轻重的地位。

财阀体系对韩国的影响

20 世纪 60 年代,大多数的韩国财团开始壮大,依靠着政府的支持和银行的贷款,逐渐成为国家经济增长的主要动力来源。财团普遍实行家族经营管理的体制,大多拥有众多产业,旗下分公司众多,采取高负债、高风险的经营方式。这些因素是产业发展的动力,但同时也存在一定的经营隐患。

第一,财团的发展基础是以政府为主导的经济体制。韩国财团的发展与政府提倡的政策和政府的扶持紧密相连。在韩国政府的支持下,金融机构的主要贷款对象是财团。这种贷款的比例非常高,而且财团还可以享受小型企业不能得到的优惠贷款待遇。从出口发展战略到加强重化工业,直至促进产业升级换代,政府的一系列经济政治改革都是以财团为中心的。政府是财团的保护伞,银企关系扭曲,从而导致财团盲目投资,在拖垮企业的同时也连累了银行。这是"管制金融"体制的弊端。

第二,成立全国经济人联合会以及召开各财团之间的社长团会议。韩国政府在重大经济改革政策出台的时候都会与全国经济人联合会进行商讨和谈判。全国经济人联合会是指各个财团组成的联合代表机构,其中举行会长团会议,是为了协调战略立场和经济策略。同样,为了协调财团内部负责人的意见,各财团也会定期召开社长团会议。

第三,韩国财团实行家族式管理。财团的家族色彩明显,一个企业有能力强的创始人,其他家族成员担任企业的负责人。在家族制的领导下,财团在创业初期表现出很高的凝聚力,但是企业在后期发展中存在家族争斗等一系列弊端。

第四,多元化扩张存在一定的风险。在财团的子企业众多,并且与产业的关联度低的情况下,多元化经营就会更加复杂,经营效益也没有得到显著提升。同时,高负债经营导致财团经营状况恶化,财团与银行的特殊融资担保,使金融机构放松了对财团的风险监管,同时也不利于财团的经营。

因此,在过去半个多世纪的经济快速增长过程中形成和发展起来的财阀对韩国同时产生着积极影响和消极影响。

不可否认,韩国财阀的前身——各种私营企业在韩国建国初期对其原本羸弱的经济起了带动作用,在一定程度上促进了经济的增长,甚至资本的急剧积累也创造了举世瞩目的"汉江奇迹"。此后,韩国在财阀迅速发展的同时,人均 GDP 也迅猛提升,于 2006 年成功跻身发达国家行列。韩国财阀集中了大量资源和财富,拥有其他中小型企业难以比拟的优势,由此在科技上有能力投入大量金钱,推动韩国创新科技的发展,提升科研能力。

由于韩国财阀扩张迅速,吸收劳动力能力较强,所以能在一定程度上解决部分韩国民众的就业问题。韩国财阀涵盖产业范围广,足以延伸到民众的方方面面。例如,一个韩国人在三星公寓醒来,打开三星电视看新闻,用三星手机打电话,出门开雷诺三星汽车,在三星乐购刷三星信用卡购物,看希杰娱乐公司拍的电影,病了去三星医院……可以说,韩国人的一生都离不开三星集团。由此可见,韩国财阀在一定程度上也便利了民众的生活。

但韩国财阀具有垄断性质,过度集中全国有限资源,掌握大量财力,规模越发庞大,市场竞争力更强,在一定程度上压制了中小企业的发展,使其难以在市场上与财阀集团抗衡,也限制了经济的长期发展。中小企业难以在市场上立足的现状,使其或过早被扼杀于摇篮之中,或最终依附大型财阀集团。这些均不利于韩国创新科技的发展,限制了科技创新的活力与持续力。高校名牌毕业生的理想也是进入一家财阀企业工作,社会自主创新创业氛围不够浓烈。

韩国财阀财大气粗,易于将国家法律玩弄于股掌之间。韩国多次发生诸如"李胜利全身而退"事件,大型财阀企业前社长被执行缓刑,最终被赦免的案例,无不引起韩国民众的抗议。财阀凭借自身特权,赤裸裸地挑战法律的权威,甚至凌驾于法律之上。

另外,韩国财阀财富的急速增长拉大了国民间的贫富差距。据悉,韩国私有土地中有63%被占总人口5%的富人所垄断。10名普通民众中就有近一半租房生活,而按拥有住宅数量从多到少排序,前10名总共拥有5598套房,其中第一名拥有1803套房(2018年数据)。而这只是房地产方面的冰山一角。韩国财阀垄断了大量资源,使得民众享有的极少,贫富差距愈拉愈大。

财阀在韩国经济的高速发展过程中,通过强大的推力,给韩国带来了规模经济的发展和经济效率的提高,为韩国政治、经济、文化的发展做出了巨大的贡献。但财阀也给韩国带来了许多负面的影响,如何改革韩国财阀体系,是韩国迫切需要解决的问题。

韩国民族精神

　　走进韩国的超市、餐厅，到处可看到一个让人似懂非懂的汉字成语——"身土不二"。这几个汉字印在超市的大米袋上，印在炒年糕店的广告牌上，印在食品包装盒上……"身土不二"就像韩国一个特有的标志，在韩国人的生活中处处可见，根深蒂固地印在韩国人的潜意识里，时刻提醒着韩国人的民族精神和爱国精神。那么，"身土不二"到底是什么含义，韩国人为什么如此奉行"身土不二"理念呢？让我们一探究竟。

　　"身土不二"出自 16 世纪末朝鲜时代的《东医宝鉴》一书。所谓"身土不二"，即身在其土者，不离其土；土育其身者，必利其身。也就是说，身体和出生的土地合二为一，不能分离，在出生和长大的地方产出的东西才是最适合自己体质的，食用本国生产的食品才更健康。显然，"身土不二"竭力倡导韩国民众消费本国农产品，排斥外国进口农产品。

　　1953 年《朝鲜停战协定》签署后，韩国李承晚政府采取依赖美国的立国方针政策，大量进口美国的剩余农产品，导致大量美国廉价农产品涌入韩国，韩国粮食价格急剧下降，农民利益受到损害，本土农业发展受到限制。为了保护本国农产品和农民利益，20 世纪 60 年代，韩国民间组织"韩国农协"将"身土不二"作为宣传用语进行推广，鼓励民众购买本国产品。最终"身土不二"这一理念逐渐流行，成为韩国人支持国产货的口号。

　　有一首备受韩国民众喜爱的《身土不二》歌曲使"身土不

二"理念更加深入人心。

你是哪里人呀？我是哪里人呀？

生于此地，长于此地，我们都要身土不二，

身土不二，身土不二，身土不二呀！

是狎鸥亭吗？是江南大道？我这是在哪里呀？

顺伊①姑娘早被忘记，女孩子都成了密斯李了。

橱窗里面模特身上全是洋货，要多神气有多神气，

大米呀，大麦呀，大豆呀，小豆呀！

作为国人当用国货，何必去找外国货呢？

辣椒酱、大豆酱、萝卜、泡菜也进口了，

不要忘记，不要忘记，你我都是韩国人，

身土不二，身土不二呀！

你是哪里人呀？我是哪里人呀？

生于此地，长于此地，我们都要身土不二，

身土不二，身土不二，身土不二呀！

是永登浦吗？是明洞大道？我这是在哪里呀？

顺伊姑娘早被忘记，女孩子都成了密斯李了。

橱窗里面模特身上全是洋货，要多神气有多神气，

大米呀，大麦呀，大豆呀，小豆呀！

作为国人当用国货，何必去找外国货呢？

辣椒酱、大豆酱、萝卜、泡菜也进口了，

不要忘记，不要忘记，你我都是韩国人，

身土不二，身土不二，身土不二呀！

---

① "顺伊"是过去常被韩国姑娘使用的名字。

随着韩国国内民族主义情绪和爱国主义情绪的逐渐高涨，以及商家的推波助澜，"身土不二"的理念深深地植入了韩国人的消费观念里，时刻提醒着韩国国民使用包括农产品、工业品、服务商品等在内的本土产品。

不管是在韩国四通八达的公路上，还是在首尔热闹非凡的街头，或宁静的山间小路上，都很少看见国外产汽车。韩国的主力车型都是现代和起亚等本土品牌，很少看到外国的、非韩系的品牌车型，尤其是日本汽车更是少之又少。韩国超市里的水果和蔬菜也分为国内产和国外产：国内产的水果、蔬菜价格昂贵，包装精美，位置显眼，生怕被当成国外产的；国外产的水果、蔬菜反而价格低廉，不受韩国人欢迎。对于作为韩国人主食的大米，在超市的包装袋上也常常会看到"身土不二"4个字，时刻提醒着韩国民众食用国产大米。

韩国人的生活中处处体现了"身土不二"的理念。他们认为，只有韩国本土的东西才是最好的，在自己的国家绝对不能做有损国家和民族利益、伤害民族感情的事情。"身土不二"体现了韩国人"生为韩国人，死做韩国鬼"的民族精神，体现了个体与国家休戚与共的精神，凝聚了韩国人强烈的民族主义情怀和爱国主义情怀。

"身土不二"的历史原因

"身土不二"作为韩国人独特的民族精神，其产生的历史原因是多方面的。就地理环境而言，朝鲜半岛三面环海，山多，平原少，资源匮乏，可耕地面积少。自然条件的欠缺使古代的韩民族难以与外界有更多的交流，从而形成了岛国人典型的封闭心态和自然的民族凝聚力。

韩国街头，一家直接取名为"身土不二菜肴"的韩餐店

　　朝鲜半岛夹在中国和日本列岛之间，历史上一直承受着巨大的地缘环境挑战。封建时代的朝鲜半岛国家长期作为藩属国受中国统治，更时不时遭受古代中国北部少数民族政权的入侵。与朝鲜半岛隔海相望的日本，自古以来野心勃勃，多次出兵朝鲜半岛，不论是壬辰倭乱战争还是甲午战争，日本都把朝鲜半岛当作跳板和练兵场，朝鲜半岛人民深受其害，朝鲜半岛天然成为日本列岛崛起时的牺牲品。

　　朝鲜半岛在近代遭受了各国列强的侵略，签署了一系列不平等条约。尤其是在 1910 年，韩国(1897 年李氏朝鲜改国号为"大韩帝国")被迫与日本签订了《日韩合并条约》。自此，朝鲜半岛正式沦为日本的殖民地长达 35 年之久，使其经历了难以磨灭的伤痛。美苏冷战使朝鲜半岛还未从日本的近代殖民伤痛中得到喘息，继而又转入激烈的内战和民族分裂中。迄今为止，朝鲜半岛仍是世界上唯一尚存冷战格局的地区。这些历史经历造就了韩国人极度缺乏安全感和具有强烈排他性的民族性格。

　　自 20 世纪 60 年代朴正熙时代起，韩国的经济实现了高速增长,创造了"汉江奇迹",一跃成为"亚洲四小龙"之一,韩国人的民族优越感和自豪感空前增强。在这种情况下,"身土不二"一经提出,便受到民众的广泛接受和传播。如今,"身土不二"体现在韩国人生活的方方面面,使用国货已经成为韩国人最自然的选择,但又不只是购买国货那么简单,而是建立在自危、自立、自强的潜意识之上,对本民族、本国家的一种热爱,带有强烈的爱国文化和民族情感成分。

2002 年韩日世界杯期间,当韩国国家队赢球后,上百万韩国民众穿着韩国国家队的红色队服,进行山呼海啸般的举国狂欢,将韩国的街头变成了一片红色的海洋。外国人心存敬畏地将其称为"红魔"。1997 年亚洲金融危机爆发的时候,韩国民众自发地紧急行动起来,将自己的金银首饰无偿捐献给国家,为政府排忧解难,一心帮助国家渡过难关。2008 年开始的经济危机席卷韩国之时,韩国民众也自发提出了"购买国货"(buy Korea)的倡议,希望用这种方式带动韩国国内产业的复苏,帮助国家早日渡过难关。每每国家和民族陷入危机之时,韩国人的民族凝聚力和爱国精神便发挥得淋漓尽致,令世界瞩目。

"身土不二"从最初的贸易保护上升为一种爱国文化和民族精神,反映了韩国人民族性格中强烈的危机感和排他性,反映了在国家历经多年被强国占领和侵略,空前崛起后,韩国人强烈的民族优越感和自豪感。"身土不二"最终上升到了韩国人的民族精神和爱国精神的高度,成为象征韩国人爱国文化的代名词。

饮食与"身土不二"

一提到韩国的"身土不二",首先想到的可能就是韩国超市里随处可见的"身土不二"标志、韩国满大街跑的国产车,以及"购买国货"运动。其实在韩国人的日常生活中,一日三餐里无不体现着"身土不二"的爱国文化。

　　韩国人的一日三餐都离不开泡菜,与之有着难以割舍之情缘。泡菜是韩国"身土不二"最好的象征。韩国每个家庭制作的泡菜味道都不一样,但无一例外地都热衷于使用国产白菜。我教过的一位韩国留学生,每次开学回来都会送给我一罐她母亲亲手制作的泡菜,然后满脸自豪地告诉我:"老师,这是我们家的泡菜,味道和市场上卖的不一样,用的都是国产材料,希望您喜欢!"她告诉我,不管去哪个国家,她都会带着妈妈制作的泡菜,这是"妈妈的味道",即使再奢侈、再好吃的饭菜,没有妈妈的泡菜也索然无味。不只是她,远走海外的韩国人,一日三餐中都不能缺少泡菜独特的香味。泡菜代表的是韩国人深爱的土地和民族,时刻提醒着出门在外的韩国人不忘自己的民族和国家。

　　说起韩国泡菜的"代言人",就不得不提被称为韩国"平民总统"的卢武铉。2003 年 7 月 9 日,卢武铉携夫人来到清华大学,在银色的主楼演讲厅向 400 多位清华师生及两国嘉宾发表演讲。提到"韩流"时,他趁热打铁"推销"起韩国泡菜:"最近韩国的泡菜也非常受欢迎,如果有机会,希望大家都尝尝韩国的泡菜。"伴着台下学生畅快的笑声,他又补充道:"韩国泡菜的确是好食品,储藏泡菜的冰箱也是韩国货,品质较好。韩国制造的冰箱不仅储藏泡菜好,冰镇出的啤酒也非常好。如果冰箱里再冻上啤酒,拿出来和泡菜一起吃,味道是很特别的!"

　　卢武铉总统所说的泡菜冰箱则是韩国家电厂商为了满足韩国人住进高楼大厦后无法储存泡菜的需求而开发的冰箱,是专门针对泡菜优化的冰箱产品,包括法式对开门、冰柜等不同款式。其特色在于拥有很多隔间,方便存放泡菜盒,另外还具有用于催熟、臭味消除、过滤器排除异味等的紫外线灯,非常便于储存泡菜。卢武铉总统在演讲之际,情不自禁地推销泡菜和泡菜冰箱,并且使用"是好食品""韩国货"和"品质较好"等表述,让人们不由感叹"身土不二"理念已经深深融入韩国人的血脉,成为韩国人日常最自然的一件事。

这不由得让我想起我初到韩国留学时百思不得其解的一件事。那时我的韩国朋友请我吃牛排。进入饭店后,她非常客气地让我点餐,我看了一下服务员拿过来的菜单,发现每个菜品都分为国内产牛肉和国外产牛肉,国内产牛肉比国外产贵2倍之多。出于礼貌和节俭考虑,我点了便宜的国外产牛肉菜品。而她却非常坚决地帮我换成了国内产牛肉。我非常不好意思,告诉她我们都是学生,节俭一些点便宜的不好吗?这时她才缓缓告诉我,这和节俭没有关系,一方面,国内产的牛肉相对来说品质好、口感佳,不只是牛肉,所有的农产品都是本国产的最安全;另一方面,也是最重要的,这是他们从小养成的爱国意识。看我不明白,她接着告诉我,之前美国牛肉要出口到韩国,韩国民众担心美国牛肉大举进入韩国市场,会使本国牛养殖户利益受损,所以要求政府减少进口美国牛肉。而政府因为要遵守WTO的贸易协定而无能为力。于是韩国民众自发抵制国外产牛肉,每个饭店也都根据产地制作两份菜单,即使国外产牛肉便宜很多,韩国民众也会自觉地点国内产牛肉,也就是"韩牛"。当然,这种全民抵制国外产牛肉的行为也导致了国内产牛肉的消费热情不断升温,直接推高了"韩牛"的价格。因此,每逢佳节,韩国人才会将包装精美的"韩牛"当作"奢侈品"馈赠长辈和朋友。听完她的这番话,我对韩国人的爱国之情肃然起敬。后来了解了"身土不二",才明白这是她将"身土不二"的理念践行到生活中点点滴滴的表现,这已经成为她意识形态里不可分割的一部分,成为她最自然的外在表现。站在个人的角度看,这种对爱国精神的践行是难能可贵的。

下篇

浙江与韩国

追根溯源浙韩交往史

崔溥之旅

14世纪初,意大利旅行家和商人马可·波罗以《马可·波罗游记》一书记录其在中国的所见所闻,引发了西方人对东方的热烈向往。一个多世纪以后,一位朝鲜名儒崔溥用汉文撰写了一部《漂海录》,记录他及侍从一行共43人,沿中国大运河北上一路的所见所闻、世态民情和明朝官务政要。由此,崔溥也被誉为"东方马可·波罗"。

崔溥(1454—1504)漂海登陆于现在的浙江省台州市三门县。崔溥于明弘治元年(1488)在济州岛执行公务,年初听闻父亲的丧事后,匆忙赶回故乡,但途中遭遇台风而在海上漂流。他和他的42名侍从乘坐的船在经过14天的漂流,最终登陆于"大唐国台州府临海县界"——今三门县牛头门。

在此过程中,他们两次遭遇海盗,被抢走钱财,受到侮辱,好不容易逃脱并成功登陆,但在浙江登陆时被误认为是倭寇。经验明身份后,他们受到了朝鲜官员的待遇,被护送回国。崔溥从台州出发,经过宁波和绍兴,沿着运河,路过杭州、苏州等繁华的江南地区,途经扬州、山东、天津,到达北京,拜见了明朝孝宗皇帝,最后从北京出发,再经辽东半岛,于1488年6月4日跨过了鸭绿江。因此,崔溥是中国明朝中期走完重新开通的大运河全程的第一人。

相聚在崔溥登陆处——浙江省三门县牛头门

崔溥在中国滞留了 136 天,贯穿南北 8800 多里,最后顺利返国。回国后,成宗下令崔溥整理并报告其间情况。对此,崔溥借以日记的形式,用 5 万多字记录下了在中国期间所发生的事情,此日记就是《漂海录》。《漂海录》详细介绍了中国明朝的政治、军事、经济、海路、气候、山川、公路、官府、古迹、风俗和民谣等。《漂海录》中不仅介绍了中朝两国的文化差异,还详细介绍了中国江南和江北的细微文化差异。《漂海录》用日记体的形式一一记录了旅途中的具体时间、地点和相关人物的真实姓名,是研究中韩友好关系及中国明朝海防、司法、政制、城市、地志、运河、民俗的重要历史文献。

1571 年,《漂海录》正式公开出版,并于 1573 年、1676 年、1724 年、1896 年在朝鲜半岛多次重版再印。直到 1979 年崔溥的后代崔基泓用现代韩语完成了《漂海录》的翻译,普通人才了解到《漂海录》的存在和具体内容,这成为对《漂海录》进行研究的诱因。1769 年,日本儒学家清田君锦把《漂海录》翻译成《唐土行程记》,题目中用"唐土"是因为当时日本仍称中国为唐。1965 年,美国 John Meskill 将《漂海录》译成英文《锦南漂海录译注》并出版。1992 年,北京大学葛振家教授对《漂海录》进行了点注,由中国社会科学文献出版社出版。

一部 500 多年前的《漂海录》,不仅为后人留下了珍贵的历史资料,也为中韩两国的友谊播下了种子。2016 年 3 月 31 日,"跟随崔溥足迹·2016 中韩人文纽带构建活动"被纳入中华人民共和国主席习近平和韩国总统对外发布的《2016 年中韩人文交流共同委员会交流合作项目名录》。通过"崔溥之旅",中韩两国构建起了政治、经济、旅游、科技、文化等方面的交流与合作。浙江省与崔溥之旅相关的浙韩友好城市有 20 个左右。可以说,500 多年前的"崔溥之旅"构建了源远流长的中韩友谊,见证了中韩友好交往的历史。

中韩跨海竹筏漂流学术探险

中国与朝鲜半岛自古以来就有着频繁的文化、商贸、政治往来,但历史太过漫长,其中交往从何时发起,又是通过什么方式进行的,难以得知。

1996 年、1997 年、2003 年,我国发生了 3 次应该被铭记于海洋历史的壮举——中韩跨海竹筏漂流学术探险。

历史渊源

中国与朝鲜半岛的往来从古至今就极为密切。虽然历史上中国陆地与朝鲜半岛相连,距离较近,陆路往来并不困难,但是根据学者的研究,中国与朝鲜半岛的海上交往时间应当比历史记载的陆路交往时间更加提前。

根据史书记载,中国与朝鲜半岛的海路交往大抵始于唐宋时期。《史记·秦始皇本纪》便有记载云:秦始皇曾"遣徐福发童男童女数千人,入海求仙人"。其线路便是从今宁波慈溪附近的达蓬山下启程,经过朝鲜半岛的南端前往日本。宁波所在的位置也是历史上中国与朝鲜半岛诸多国家进行海上贸易往来的中心地带。在宁波,更有宋代为进行商贸往来的朝鲜使者建造的"高丽使馆",至今遗迹尚存。

根据考古学者的研究,朝鲜半岛上存在着一种史前时期的支石墓。追溯这种支石墓的特点便可发现,虽然中国北部与朝鲜半岛相连,但朝鲜半岛的这种支石墓的形态特点竟然与中国北部的支石墓遗址相差甚远,反倒与中国江南地区所发现的支石墓遗址极为相似。要知道,在 4000 多年前,朝鲜半岛与中国江南地区人们的造船工艺并不足以制造出可以进行跨海航行的大船。根据这一现象,专家学者们大胆推测,或许早在 4000 多年前,便存在一种简单的工具可以让人们进行跨海交流,而这种工具,便是本书所提到的竹筏。

漂流的起点都设在浙江省舟山市朱家尖南沙海滩。

舟山是中国唯一一个由群岛组成的港口城市,历史悠久。舟山市紧邻宁波,两者隔海相依,在此起航无疑与历史航线相仿。在古代,舟山也曾几度因为优越的海洋条件而兴起,成为外贸要埠和"海上丝绸之路"的重要节点。学术界一致认为,舟山自古至今都是中国江南与朝鲜半岛、日本进行海上交往的枢纽。

三次探险

(1)初次航行,阴差阳错。1996 年的 7 月,为确认连接中国和朝鲜半岛乃至日本列岛的古代海上交通路线,在浙江省舟山市的朱家尖岛上,中韩跨海竹筏漂流学术探险的第一艘竹筏起航。与其说是起航,不如称其为"起漂"更符合实际情况。

这艘竹筏是用 70 多根奉化毛竹打造的。奉化毛竹以其粗壮而闻名,采用这样的竹子制作的竹筏更适合进行超远距离漂流。在中国镇海,这批毛竹被工匠们采用最原始的方式进行加工打磨,就连最后将毛竹捆起制成竹筏的工序也用了麻绳,没有采用任何金属配件。一切都采用最原始的工艺，才能真正模仿历史上两地进行海上交流的实际情形。这艘竹筏被命名为"东亚地中海"号。

进行这样的学术探险显然是十分危险的。在得到了国家有关部门的批准以后，浙江省舟山市委、舟山市政府、舟山旅游局以及宁波市经济开发区集团总公司等都对这次活动提供了大力支持，并做好了充分的准备。

探险队的队长是韩国的历史学博士尹明喆。他曾成功地进行过韩国到日本的竹筏漂流学术探险，因此颇有经验。另外还有 3 名韩国探险队员一同出发。

1996 年 7 月 22 日上午，这艘承载着无数学者和工匠心血的竹筏从朱家尖风景区正式"出征"。这小小的竹筏虽然单薄，却承载着中韩两国从古至今的深厚友谊。

仅仅用了 5 日时间，竹筏便距离韩国的小黑山岛只有 145 千米了。学者们预计，只要再花费一周时间，竹筏便可以顺利到达韩国仁川。但就在这时，意外发生了，原本平稳的南风突然变成了东风，风浪凶猛，竟然是台风来临了。在危险面前，队员们都只能将性命寄托在这艘小小的竹筏上，用安全绳将自己牢牢系在竹筏上。

在突然改变的风向之下，竹筏改变漂流的方向，在惊涛骇浪之中颠簸前行。另一头陆地上的学者们在焦急地等待消息，原来计划的日期一天天过去，甚至到了 8 月 5 日竟有一只轮船在台风中遇难沉没，这让专家和有关人员都无比揪心。2 天后才有消息传来，探险队在台风中改变了航向，竟然在山东半岛安全登陆了。

虽然这次航行没能顺利到达韩国，但探险队员们阴差阳错考察了韩国航海家张保皋的贸易线路——从韩国黑山岛到中国浙江宁波,再北上长安(今西安)的航线。这对于学者们来说也是一个意外的收获。虽然这次探险没能派出中国队员参与,但这种结果无疑也给我们留下了一次共同合作的机会。

(2)第二次航行,探险成功。1997年,吸取了上一年的教训,曾经的主办者又进行了一次中韩跨海竹筏漂流学术探险。此次探险由尹明喆、朴晶彬、崔容根、金成植4名韩国队员和1名中国队员组成,依旧由尹明喆博士担任队长。

中国队员吴连宝是一名退伍老兵,宁波宁海人,时年41岁。他在服役时就曾是万米武装泅渡冠军和潜泳冠军,退伍后长期从事潜水打捞工作,又熟悉海上航行联络讯号,所以被选中成为中国方面的代表。他详细了解了当年竹筏漂流失败的情况,提出了改进竹筏的意见。在他的指导下,第二次跨海漂流的竹筏被改成了筏头弯曲上翘的江南地区通用款式,以此阻挡风浪,并且在竹筏上加了一根前桅,更能借助风力,使竹筏的动力增大。

在中国江南地区老工匠们的手下,这艘竹筏渐渐成形,仍旧和初次漂流时一样,采用原始的手工艺做法,仍被命名为"东亚地中海"号。

1997年6月15日,这艘"东亚地中海"号竹筏载着5名探险队员从朱家尖南沙海滩出发。在这次的漂流过程中,天公不作美,探险队又一次遇到了台风。幸而有中国队员吴连宝,他冒险将竹筏停靠在了岸边,让队员们顺利登岸,避过了这次台风。

1997年7月8日17时,漂流探险队顺利地到达韩国西海岸仁川港。在隆重的欢迎仪式上,探险队长尹明喆热情地向韩国人介绍吴连宝:"没有他,我们这次很可能葬身鱼腹之中。"

(3)第三次漂流,再次成功。2002年6月,尹明喆为了证实

1000多年前中国、朝鲜半岛、日本三地之间通过海上交流航线，形成了灿烂的东亚中华文明圈，准备再次用竹筏漂流，到达韩国仁川后，再沿着韩国西海岸漂到日本福冈，完成一次更长距离的竹筏跨海漂流活动。

2003年3月初，一艘以新罗航海家张保皋名字命名的竹筏，在南沙扎制完成。张保皋，本名弓福，早年与他的好友郑年到中国游历并当过军官。那时的海上海盗十分猖獗，海上交流非常困难。张保皋返回之后，在全罗南道莞岛设立清海镇，在新罗海岸负责清剿劫掠财物、绑架百姓、买卖奴婢给唐朝的海盗，彻底扫荡了新罗和唐朝海上交通路线上的海盗。他坚定"得大海者得天下"的信念，以清海镇为中心，大力发展海上贸易运输，打开了古代中国、韩国和日本之间的海上贸易航线。清海镇成为中国与日本海上贸易的中转站，而张保皋则成为第一个与伊斯兰世界进行贸易的亚洲民间企业家和世界级贸易王。以他的名字命名这艘竹筏，不仅代表着对他海上贸易成就的尊重，也象征着中韩两国对友好贸易往来的美好期盼。

2003年3月23日上午，"张保皋"号竹筏从中国舟山群岛出发，经黄海于4月7日抵达仁川，然后再次南下，4月14日经过张保皋的据点莞岛，渡过大马岛，于5月22日抵达日本九州港。另外，在莞岛还加入了1名日本人，共同进行日本探险。参与此次漂流的大部分队员都曾参加过1995年7月的"高句丽遗址探测"和1996年7月的"东亚地中海"号黄海探测以及1997年夏天的竹筏探险。

韩国探险协会方面表示："通过重新解释过去文化是带有国际性的海洋文化的事实，设定今后将展开的文化探索方向，特别是对我们来说，是探索民族认同感的一件事。"

自从1992年中韩两国建交以来，中韩两国一直致力于友好交流合作。这 3 次漂流在当时引发了人们的广泛关注,引起了学者们和新闻记者们的强烈反响。

竹筏漂流的成功无疑是学术界的一项重大突破。竹筏漂流的成功印证了学者们的推测,在史前时期,江浙沿海的人们便可以通过一艘竹筏,凭借风向和洋流前往东边的沿海各国进行文化交流,也为确认东亚地中海经济圈的古代海上交通及航线、重新认识历史上中国东南部与朝鲜半岛相互交流的事实等一系列学术课题,提供了极有价值的佐证。

此次学术漂流探险,从旅游业的角度来讲,大大提高了中国浙江省宁波市和舟山市的知名度,宣传了其优越的海上交流地位。中韩两国的媒体都对此次学术探险进行了广泛的宣传,对两国的友好交流有非常积极的意义。

2003 年中国新闻网称:"在中韩建交 10 周年进行第三次漂流,意义重大。"《舟山晚报》在 2009 年再次报道称:"我们重提三次漂流的这些旧事,不仅是为了不要忘却舟山自古以来在东亚海洋文化交流上的重要地位,也是为了重塑我们日渐式微的海洋探索精神——我们的祖先面对未知世界时敬而不畏、勇于探索的精神,也应该流淌在我们的血液里。"更有数不清的新闻网站报道了这前无古人、后无来者的学术探险活动。

虽然这次学术探险的成果,只还原了三四千年的历史事实,但无疑为研究古代文明在东亚的传播与交流提供了一种新途径,同时也为探寻中国与朝鲜半岛诸国、日本之间的神秘古代历史提供了非常大的帮助。

浙韩友好城市

友好城市是通过文化交流加强与国外城市的合作,加深相互间的理解而建立的友好关系,主要是一种感情型的对外交往。缔结友好城市关系的目的在于促进人和物的友好关系和活跃交流,注重在政治、经济、科教文卫体、环境保护和青少年等各领域开展交流合作。

缔结友好城市关系有利于提升两地及两国人民间的相互理解和相互信赖程度,促进两地在各领域内开展交流与合作,有利于地方政府、民间团体、企业、学校及其他组织在友好城市框架下增加交流机会,对提升城市社会文化发展和地方经济活力、推动两国关系、维护世界和平发展具有重要的意义。

浙江省与韩国友好城市

根据浙江省人民政府外事办公室公布的信息,浙江省先后与100多个国际城市建立了友好城市关系。此外,浙江省人民对外友好协会等民间组织还与世界上100多个友好组织建立了友好合作关系,为浙江省进一步扩大对外开放、促进对外交流合作和经济社会发展贡献良多。

浙江省有20个左右的城市与韩国的城市缔结了友好城市关系。得益于"崔溥之旅",浙江省与崔溥的故乡韩国全罗南道缔结的友好城市关系最多。1998年5月,浙江省与全罗南道缔结友好省道关系,此后在文化、教育、体育等方面与全罗南道进行了密切的交流。浙江省的杭州市、台州市、龙泉市、普陀区、湖州市、安吉县、海盐县、天台县、柯桥区等分别与韩国全罗南道的丽水市、务安郡、康津郡、谷城郡、灵岩郡、潭阳郡、长兴郡、和顺郡、灵光郡等缔结了友好城市关系。浙江省也有很多城市与韩国全罗南道的城市缔结了友好交流关系。

全罗南道是韩国西南部的一个道,北与全罗北道接壤;东靠智异山和蟾津江,与庆尚南道相接;西边和南边与大海相连,西与中国隔海相望,南与济州特别自治道隔海相望,是韩国典型的里亚斯型海岸。全罗南道位于东经 125°04′—127°54′,北纬 33°54′—35°30′,面积 12345.1 平方千米,占全国土地的 12.3%,辖 5 市 17 郡。该地区纬度较低,受亚洲季风影响,夏季高温多湿,冬季低温干燥。

全罗南道地势东高西低、北高南低,与韩国地形的一般特征相似。2/3 为山区,1/3 为平原。西部地区有宽广的平原,荣山江流域的罗州平原和全罗北道的湖南平原是韩国屈指可数的粮米之仓。全罗南道岛屿海岸线长 6000 多千米,占全国海岸线总长度的 50%;岛屿众多,有 2000 个左右,占全国岛屿总数的 60% 以上。

全罗南道 1944 年人口为 274.9969 万人,占当时全国人口的 10.6%,此后年均增长率为 1.5%。但如果不改变偏重首都圈、岭南圈的开发政策,江原道、忠清圈、全罗道轴心地区的人口增长将继续停滞。

全罗南道与韩国其他市、道相比较落后,因此地区开发是全罗南道的重点,但存在诸多困难。首先,韩国国内的制造企业数量十分不足,国家产业园区只有丽水、大佛、光阳湾 3 个,地方产业园区只有木浦、顺天、栗村等 7 个。其次,韩国 62% 左右的岛屿集中在全罗南道,但连陆桥仅有 15 座,在行政管理上存在诸多不便。为了地区开发,光阳湾地区正在推进将化工业、钢铁、汽车、机械业等行业进行有机结合的计划。木浦圈计划在进一步建设国家产业园区的同时,将地方产业园区合并,培养成造船、电子机械、陶瓷等工业区。光州周边地区计划与光州联合起来发展工业,推进枢纽管理功能和尖端科学产业的开发。

自 1998 年浙江省与全罗南道正式建立友好省道关系以来,两地一直保持着紧密的友好合作关系,高层互访频繁,文化、教育、青少年等领域的交流较为活跃,经贸交流合作日益密切。2017 年 4 月 25 日,第十九届"浙江省·韩国全罗南道陶(青)瓷国际学术研讨会"在浙江召开,双方共同探讨陶(青)瓷文化交流及发展方案。2018 年 4 月,浙江省商务厅与全罗南道国际协力局签署了经贸合作备忘录。2018 年 8 月 24 日至 25 日,时任浙江省省长袁家军率团对全罗南道进行了友好访问,出席浙江省与全罗南道缔结友好省道关系 20 周年纪念活动,双方就进一步深化两地友好关系达成诸多共识,并签署了省道友好交流与合作协议,以期两地在人文、经济、文化交流等方面取得更丰硕的成果,为两国关系的友好发展发挥重要作用。在双方互派交流团的良好基础上,2019 年 1 月,全罗南道理事官朱东植赴浙江省商务厅开展为期一年的工作交流。其后,全罗南道数批经贸代表团来访。2019 年 3 月 27 日,"2019 全罗南道—浙江省经贸合作洽谈会"在杭州举行。本次洽谈会由韩国全罗南道政府主办,浙江省商务厅协办,全罗南道国际协力局、水海产品和化妆品行业企业,以及浙江省内生产和流通领域企业、湖州市商务局、美妆小镇、浙江中韩(衢州)国际产业合作园等负责人参会并进行了面对面洽谈,旨在促进两地企业交流和产业对接,互补两地经贸优势,增强合作潜力,拓宽合作空间,抓住发展机遇,推动经贸合作,助力开拓新的合作领域,实现互利共赢。

不仅浙韩省道间进行各领域的交流,浙江省内各市、区、县级政府也积极开展与友好城市的交流及合作。2015 年 6 月 13 日,在杭州市与全罗南道丽水市缔结友好城市关系 20 年之际,杭州市人大常委会吴春莲副主任会见了由韩国丽水市议会议长朴正采率领的全罗南道东部圈市郡议会议长代表团,期待两市深化友好往来,加强经贸、文化、旅游等方面的交流,使两市的友好关系在新时期得到进一步巩固和发展。

2009 年 11 月 10 日,时任绍兴市委副书记、市长钱建民在国际友好会馆会见了时任韩国全罗南道政务副知事李相勉一行。希望绍兴与全罗南道加深交往,加强合作。

基于在韩国家喻户晓的"孝女沈清"故事①,中国浙江普陀区与韩国全罗南道谷城郡也积极发展友好交流关系。"孝女沈清"是中韩两国人民共享的文化资源和两地友好交流的重要纽带。2004 年 7 月,象征中国普陀区与韩国谷城郡两地友谊的"沈院"正式动工兴建。经过 2 年多的建设,沈院于 2006 年 10 月建成并完成布展。2007 年 1 月 16 日,在中韩两国人士见证下沈院对外开放。为进一步加深普陀区与谷城郡的友好交往,带动两地经济、文化的交流与发展,谷城郡特意为沈院的布展

---

①　"孝女沈清"故事来源于一本当地家喻户晓的古典小说《沈清传》,讲述了 1600 多年前韩国(百济)姑娘沈清为了救助自己的父亲,被人卖给在韩国经商的中国浙江富商——沈国公。之后,沈国公将沈清带回了中国,但沈清忘不了故国的盲父,命人打造了 570 尊观音佛像漂洋过海送往韩国(百济),祈求将和平与幸运带给家乡人民。沈清于是成了韩国的万古孝女。韩国专家认为,《沈清传》中沈清的原型就是在今韩国谷城郡出生的孝女洪庄。而沈清的落脚地最有可能在中国浙江省普陀区。这便成为普陀区与谷城郡缔结友好城市的纽带。

送来了不少有关沈清的展品。

2019 年,即天台县与韩国全罗南道和顺郡缔结友好关系的第 12 年,全罗南道体育代表团一行 32 人在韩国围棋协会副会长、全罗南道围棋协会会长李万九的带领下,来到台州市天台县开展交流访问,双方就今后青少年围棋人才的培养进行了深入交流,并初步达成了互访计划,促进民心互通,加强两地交流与联系。

除了全罗南道以外,浙江省的嘉兴市、新昌县、临海市、温岭市分别与韩国的江原道江陵市、庆尚南道陕川郡、江原道横城郡、大田广域市西区缔结了友好城市关系。

2014 年 12 月 18 日,受韩国江原道江陵市的邀请,浙江省嘉兴市的媒体人和相关人员参与了在江陵市绿色城市体验中心举行的"友好城市媒体人及相关人员交流之夜"活动。各方就友好城市间的宣传、文化、旅游等交流了意见,在双方相互理解与尊重的基础上,促进友好城市媒体人的友好关系。

临海市与横城郡开始友好交往十几年以来,秉承实现资源共享、优势互补、合作共赢的理念,开展了包括政府友好访问、民间团体交流、中学生交流等多种形式的交流与合作。截至 2018 年 5 月,双方共计互派 20 批 177 人次的政府访问团(含议会与人大间互访)、27 人次的公务员互派研修活动(为期6—10个月)、19 批 121 人次的专项交流项目、35 批 535 人次的民间交流活动①,交流内容涉及经济、教育、城建、文化、体育、社会管理创新等各领域。

浙韩友好城市为双方城市间的合作共赢、资源共享和优势互补做出了巨大贡献。

---

① http://gxxw. zjol. com. cn/gxxw/system/2018/05/17/030893662. shtml.

在政治方面,双方开拓了各种形式的政府交流渠道。浙韩友好城市通过周年庆祝与行政交流、政府间人员的互访和观光等模式,更加了解彼此的行政机制、工作模式和政策走向,增进了政治互信和交流关系的深化发展。

在经济方面,双方开展了缔结经济交流协定、促进地方企业间的洽谈和产业对接、缔结产业商会的交流协定、开设产品展览等丰富多样的经贸交流活动,使双边贸易繁荣发展,有利于中韩紧密经贸合作框架的构建。

在人文交流方面,双方通过市民团体的相互访问、青少年团体的深入交流、文化资源的共享与交换、学术团体交流等多种多样的方式,构建了浙韩双边交流的平台,拓展了相互间对话的渠道,增进了民众间的相互了解。

就目前来看,双方看似在政治、经济和人文等方面开展了丰富多样的交流活动,实际上交流活动并不活跃,在交流与合作的形式和内容方面创新不足。例如,浙韩在制定经济通商和区域经济发展战略、海洋经济和港口建设、研究机构设立及人才培养、城市建设、防灾、环境等方面的合作仍旧不足。

中韩两国关系的稳定发展不仅关系到两国人民的福祉,也关系到亚洲以及全球的稳定与发展。因此,如何推动友好城市间的交流和合作,成为值得深入思考的问题。习近平总书记在中国国际友好大会暨中国人民对外友好协会成立 60 周年纪念活动上指出:"希望中国人民对外友好协会再接再厉,更好推进民间外交、城市外交、公共外交,不断为中国民间对外友好工作作出新的更大的贡献……要大力开展中国国际友好城市工作,促进中外地方政府交流,推动实现资源共享、优势互补、合作共赢。"①

在浙韩友好城市合作交流的良好基础上,我们应该总结经验与教训,建立多层次、多样化的交流机制和途径,经济交流与人文交流并重,官方交流与民间参与并重;求同存异,相互尊重,构建政治互信,为双边关系的发展发挥积极作用;利用好友好城市的平台促进友好城市间人员交流、培养市民对异国文化的包容度和亲切感;加强民间团体交流,把增信释疑、扩大民间互信放在重要位置,保证民间交流促进两国友好关系的发展。

扁舟共济与君同

2020 年,发生了一场轰轰烈烈的全民战"疫"。病毒来势之凶、传播之烈、扩散之广,给中国乃至全世界带来了一场严峻的考验。中国在新冠肺炎疫情防控的关键时期,收到了来自世界各地国际友城的捐赠物资,沉甸甸的捐赠清单不只是数字,更凝结着国际友城对中国各地的深厚情谊。

"道不远人,人无异国。"在中国陷入疫情攻坚战的困难处境时,韩国慷慨解囊,作为友好邻邦积极援助中国抗击疫情。浙江友好城市韩国全罗南道政府也曾向浙江省捐赠大量防疫物资,希望与浙江省共渡难关。

随着新冠肺炎疫情在全球蔓延,韩国也一度成为疫情重灾国家,中国积极向韩国施以援手。2020 年 3 月 5 日,中国外交部副部长马朝旭表示,中方愿意向韩方提供一切必要的援助,全力支持韩国政府和人民抗击疫情。中国政府很快向韩国提供一批急需的医疗援助物资。同时,中国积极同韩方探讨建立联防联控机制,加强同韩国卫生、检疫、海关、移民等各个对口

---

① http://www.xinhuanet.com/politics/2014-05/15/c_1110712488.htm.

单位之间的合作,实现即时有效的信息沟通交流,向韩国提供旅行疫情防控指南,希望与韩国协同行动,有效抗击疫情,防止疫情跨国传播。

2020 年 3 月 12 日,"扁舟共济与君同"①、"肝胆每相照,冰壶映寒月"②这两句诗分别被贴在浙江省政府向韩国政府和浙江友好城市韩国全罗道政府捐赠的防疫物资的包装箱上,表达中国与韩国共同抗"疫"的决心。这批捐赠物资包括口罩、防护服、护目镜等,共计近千箱。浙江省政府表示,愿向韩国友城提供力所能及的帮助,共渡难关。

浙江向韩国全罗南道政府捐赠的物资的包装箱上贴着
"肝胆每相照,冰壶映寒月"的标识③

---

①   "扁舟共济与君同"语出唐代诗人孟浩然的《渡浙江问舟中人》,开元十三年(725)秋,孟浩然渡浙江(即钱塘江)去绍兴,与人于一叶扁舟上同船共渡。

②   "肝胆每相照,冰壶映寒月"语出韩国古代诗人许筠的《送参军吴子鱼大兄还大朝》。这是许筠在送别中国明朝友人吴子鱼时写的,意思是,我们共同经历过肝胆相照的战斗,彼此情谊可托生死,一片冰心可对明月。

③   https://baijiahao.baidu.com/s? id = 16610243721736661336&wfr = spider&for=pc.

浙江的世宗学堂

　　世宗学堂是由韩国文化体育观光部出资建设、世宗学堂财团统筹管理的海外培训机构。世宗学堂以将韩语作为外语或第二外语的海外学生和海外同胞为教学对象,向他们提供韩语和韩国文化教育。"世宗"取自创造训民正音(意思是"教给百姓的正确发音",即今天的韩文)的朝鲜时代世宗大王之名。世宗大王是李氏朝鲜的贤王,创制了朝鲜文字。以他为象征符号的世宗学堂致力于推广、传播韩国独特的文化与价值观,旨在通过文化交流扩大韩国与各国间的协作,实现语言文化的多样性,有助于他国民众了解韩国文化。

世宗大王像/刘璐拍摄

　　为了提升韩国国家品牌,韩国文化体育观光部立足于"韩流"带来的韩国语学习热潮,以韩国语为媒介传播韩国文化,大力加强韩国语教师的专业性培训,大幅增设传播韩国文化的海外文化院——世宗学堂。20 世纪 90 年代,韩国为了推行"韩国语世界化推广"工作,文化部(现韩国文化体育观光部)颁布了《韩国文化艺术振兴法施行令》,制定了韩国语海外推广的法律基础和政策,通过韩国语世界化财团、国立国语院等实施由政府主导和计划的韩国语推广政策。由此,韩国语海外教育的推广和振兴得到了广泛的关注和提高。

　　如今,属于韩国文化体育观光部的世宗学堂财团负责世宗学堂的筹划、组建、运营、推介,教材、教学内容的开发,标准课程的运营,以及教师派遣等事宜。韩国文化体育观光部表示:"将通过世宗学堂财团为'世宗学堂'提供系统援助,实现在全世界任何地方都能学习韩国语,用韩国文化进行沟通,以提高世宗学堂的地位。"①

　　世宗学堂根据韩国国立国语院颁布的"国际通用韩国语教育标准模型",将韩国语的教育阶段、内容、时间等标准化和系统化,将课程分为初级(1—2 级)、中级(3—4 级)、高级(5—6 级)。世宗学堂的教材使用标准教材《世宗韩国语》,并在线运营提供韩国文化和韩国语教育相关信息的主页——"世界—世宗学堂"。

　　截至 2018 年 9 月,韩国在全球 56 个国家设立了 172 所世宗学堂,致力于把世宗学堂打造成分布在世界各地的"小韩国",将学习韩国语的外国人变成韩国的亲密朋友。世宗学堂

---

　　①　金厚联、朴正源:《韩国的软实力和公共外交——以世宗学堂为中心》,《当代韩国》2013 年第 4 期,第 74—85 页。

财团理事长姜炫和介绍说："据世界语言统计网站'ethnologue'①数据统计,全世界使用韩国语的人数位居第12。在中国的世宗学堂多达28所,中国掀起了学习韩国语和韩国文化的热潮。"由此可见,伴随着韩国音乐、影视、服饰和饮食等"韩流"在中国的盛行,韩国语和韩国文化在中国也非常受欢迎。

浙江省首所世宗学堂——浙江旅游职业学院世宗学堂

2012年11月6日,浙江旅游职业学院与韩国湖南大学合作开办了浙江省首所世宗学堂,同时它也是中国境内成立的第18所世宗学堂。浙江旅游职业学院世宗学堂作为非营利教育文化机构,采用中韩合作的方式运营管理,为韩国语和韩国文化学习者免费提供培训,首期培训班为韩语零起点班,每期培训班培训时间为3个月。除常规教学管理活动以外,双方还在师资交流、文化活动等方面展开了一系列新合作,有效满足了浙江地区韩国语言和文化的学习需求,为服务两国文化交流,促进两国人民的相互理解、和谐发展做出了重要贡献。

浙江旅游职业学院是中华人民共和国文化和旅游部与浙江省人民政府共建的一所公办高等旅游院校,是全国唯一的旅游类国家示范性骨干高职院校、国家旅游标准化示范院校、教育部第一批教育信息化优秀试点单位,同时也是第一所通过联合国世界旅游组织旅游教育质量认证的旅游院校。

韩国湖南大学位于韩国光州广域市,前身是1978年创办的成人经商专科大学,于1979年3月正式开学,招收学生520

---

① 网站www.ethnologue.com从1951年开始收录整理世界上的各种语言,已收录7000多种,记录了它们的基本信息,如地理位置、使用人口、濒危程度、国际代码等。

名,于 1981 年升格为四年制大学,更名为湖南大学。其特色专业是旅游、设计、体育等专业。2006 年,韩国湖南大学开设了孔子学院。韩国湖南大学积极开展对外交流项目,与美国乔治华盛顿大学,英国约克大学、诺森布里亚大学等 12 个国家的 68 所大学及机关结成姐妹学校关系,开展交换生和语言研修等项目。

浙江旅游职业学院与韩国湖南大学交流已久,友谊深厚。2002 年 9 月,浙江旅游职业学院与韩国湖南大学建立了姐妹学校关系,10 年的师生交流和学术交流,为双方共同成立世宗学堂奠定了互信机制和合作基础。浙江旅游职业学院世宗学堂自成立以来,为本地区学生免费提供韩语语言、文化课程,开展了类型多样、层次全面、内容广泛的交流活动,为两校及两地的教育文化交往做出了重要的贡献。

浙南首所世宗学堂——温州世宗学堂

2018 年 5 月 23 日,浙江东方职业技术学院与韩国朝鲜大学共同申请的温州世宗学堂成立。这是浙江省第二所、浙南地区首所世宗学堂。温州世宗学堂开设初级、中级和高级 3 个级别课程,学生完成各阶段学习,并通过韩国政府认可的专门考试后,可以获得由韩国政府颁发的"世宗学堂韩语水平资格考试资格证"。

浙江东方职业技术学院与韩国朝鲜大学共建温州世宗学堂之前,就曾于 2015 年 9 月开始建设韩国语学堂。该学堂面向校内外招收有意学习韩国语的学生,至温州世宗学堂成立前已顺利举办 6 期,设社会公益班级 14 个,校内兴趣班 38 个,留学班 12 个,总人数 1700 人左右,由韩国外教主教语音、语法,中国教师教授韩国文化课,学生学习结束并通过考试后将获得两校共同颁发的研习证。这为温州世宗学堂的建立奠定了合作基础。

浙江东方职业技术学院是经浙江省人民政府批准,2002年正式筹建、教育部备案的全日制普通高校。学院位于中国具有活力的东南沿海开放城市之一、中国民营经济发祥地之一和浙江省三大中心城市之一的温州市。学院是浙江省"文明单位""平安校园"和温州市"花园式单位"。2012年学院改制,直属温州市人民政府,归口温州市现代服务业投资集团有限公司管理。

朝鲜大学是一所设在韩国光州广域市的私立综合大学,是地方首家私立大学,也是韩国首家民办大学。朝鲜大学的前身是光州夜间研究生院,1946年校名改为朝鲜研究生院。1948年5月升格为现在的综合大学,校名改为朝鲜大学。朝鲜大学积极开展对外交流活动,与智利的天主教大学、中国的天津师范大学、美国的密歇根大学等17个国家的77所著名大学结成了姐妹学校关系。

温州世宗学堂的建立,为两校的友好发展和合作奠定了良好的平台。温州世宗学堂在温州地区传播韩国语和韩国文化,填补了浙南地区世宗学堂和韩国语教学、文化体验的空白,促进了中韩两国经济、文化、教育的交流、发展与合作。

韩国世宗学堂在浙江的设立,一方面加强了韩国浙江侨民的凝聚力,另一方面通过中国与韩国共同推广的方式,使浙江年轻人在了解韩国大众文化的基础上,加深对韩国传统文化和历史的认知度。伴随着韩国经济的增长,韩国语教育的海外受众人数逐年增加,韩国语的国际地位和韩国的国家品牌传播稳步提升。

韩国印象

随着中韩经贸、教育、文化等各方面交流的不断深入，双方来往的机会大大增加。近些年，从中国到韩国工作、学习和生活的人数陆续增加。那么，这些去到韩国的中国人是如何看待韩国的，对韩国又有一种怎样的特殊情怀呢？让我们一探究竟。

在韩往事——赵昕润

时间如白驹过隙，不知不觉，和韩国的缘分已经持续了 10 多年，而且还在继续。不得不说，当初选择去韩国留学，冥冥之中，改变了我的很多生活轨迹，乃至职业发展。从留学到职场，中间发生了很多故事，我将以学习、生活、职场 3 个方面作为线索，开启在韩往事回忆之旅。

帮助生制度

依稀还记得 2009 年 8 月，经过一年多的准备，作为国内大学的交换生的我赴韩国交换学习一年。通过海关的那一刻，作为第一次出国的我，心情万分激动。飞机顺利到达了几乎每部韩剧都会出现的仁川机场。但是，我对于韩国的第一印象，并不是华丽的仁川机场，而是到机场接我们的帮助生，韩语称作"도움이"，顾名思义，就是起到帮助作用的人。事实证明，帮助生制度，对于外国留学生的学习、生活，确实起到了重要的作用。

　　我的帮助生是2名大二的韩国女生,她们的英文都讲得很好,给我的第一印象是韩国女大学生都很会化妆,感觉是浓妆但不艳丽,看着很得体、清爽。我刚到韩国的时候,由于语言不通,在适应环境、快速进入学习状态上,帮助生提供了很多帮助。每周有8—12个小时可以跟帮助生预约,每次2个小时左右,可以互相学习语言,也可以吃饭聊天,或者帮忙办理生活中的一些琐事,如办理手机卡、外国人登录证等,还可以一起出行,去感受韩国当地文化,等等。最后了解到,学校也会给申请帮助生的学生提供相应的志愿者证书,或者奖学金补偿。过了几年之后,我自己也申请成为帮助生,在帮助刚来的学生的同时,自己也可以获得相应的奖金补助,可以称作良性循环。通过这样的方式,外国留学生可以更快融入韩国的生活。

　　你去上边

　　由于想尽快融入韩国的生活,我在申请学校宿舍的时候,特意申请了与韩国学生同住的4人间。进入宿舍的时候,我发现宿舍里有2张上下铺的高低床,且配了4张书桌,2张书桌靠近窗户,2张书桌靠近门口的走廊。作为第一个入住的我,毫不犹豫地选择了右边的下铺以及靠窗的书桌,然后安心地铺好床铺、整理好书桌,等待见到新室友。新室友们比我晚了几天到宿舍。让我莫名其妙的是,他们见面问的第一个问题是"你年龄多大了"。一圈合计下来,就属我年龄最小!更让我不能理解的是,确定了我年龄最小之后,其中的一位年龄最大的室友突然指了指上铺和靠走道的书桌,意思是让我搬到上铺去住,书桌也换到靠走道的那个。独在异乡为异客的我,不敢贸然做"强龙",牙一咬紧,换吧!换好之后,他们告诉我,在韩国的学校里,年龄就算大一岁,也是前辈,见了前辈说话要客气、讲敬语。宿舍里,也是年纪大的说了算。同样,年纪大的也要负责照顾后辈,比如吃饭之类的事都可以是年纪大的请客结账。总之,我换到了上铺之后,发现那位大哥在之后的生活上特别照顾我,经常带我出去吃喝玩乐,而且都是他结账,甚至早上还怕我迟到,叫我起床。我受到了很多照顾,而且之后也一直与他保持联系。所以,入乡随俗这句话一点都没错。

"橘子是方的"——新歧视主义

不得不说,在韩国的学习和生活中,还是可以感受到新歧视主义的一些体现。中国人的逻辑是,中国是大国,历史悠久,底蕴深厚,在很多方面超过韩国。但是好多中国学生在韩国的学习、生活中,多多少少会感觉到"我被歧视了"。这是当地人对外来人员生活习惯上的歧视。在韩国经常会听到的话是"中国留学生都是'土豪'吧""中国学生爱闯红灯,在宿舍里大声聊天喧哗,不按时作息"等。这些被扣上的帽子或者贴上的标签,虽然说是一种以偏概全的表现,但是也确实反映出中国人与韩国人在生活习惯上有差异。中国人喜欢喝热水,而韩国人喜欢喝冰水;中国学生在宿舍里喜欢无拘无束,大家热闹地聊天畅谈,而韩国学生在宿舍里一般都需要保持安静;中国学生冬天习惯穿秋裤,注意保暖,而韩国女生大冬天会穿短裙,韩国男生会大裤衩配个拖鞋就出门;中国人之间见面打招呼一般是问"吃了吗",显得亲切,而韩国人之间打招呼需要点头鞠躬表示尊敬。这些生活习惯上的差异难免会引起碰撞,产生互相歧视,这是需要互相适应、互相理解的。

读研究生的时候,我搬出来住,房东是一对老夫妻,对中国的了解还停留在很久之前。他们每次都很热心地送我吃的,还会问一句"中国也有这个吗"。有一次,他们送橘子给我吃,问我:"中国有没有橘子?"我一本正经地回答道:"中国有,而且还是方的呢!"至今我还会时常想起房东夫妻脸上惊讶的表情,这个突发奇想的搞怪已经成为在韩生活回忆中的一段趣事。

三抛一代

最近韩国产生了一个新词，叫 sampo generation，直译过来之后是"三抛一代"的意思，其实就是指放弃 3 件事。这 3 件事具体是指"关系、婚姻、子女"。这句话的背后，其实反映了韩国现代女性的一种社会状态。

还记得刚到学校的时候，我对韩语一窍不通，被安排到学校的"语学堂"一级班零基础开始学习韩语。老师姓闵，是一位40 多岁的女性，端庄、优雅。对于韩语零基础的我们，她一直坚持不用媒介语，而是直接用韩语以及教学工具引导等方式授课。有一次课间聊天的时候，我问她："老师，您这么优秀，您老公也一定很优秀吧？"谁知老师回答说："我还没有结婚，而且也不想结婚。"理由是，她热爱教育工作，喜欢做一名教师，要是结婚的话，可能需要辞职，相夫教子，然后卷入韩式的婆媳生活中，所以她喜欢独身。之后慢慢发现，像闵老师这样，不想被家庭所束缚，为了理想、职业而选择独身的女性不乏其数。而结了婚的女性，如果再有了孩子，一般都会有或多或少远离职场的空白期。我曾经在一个韩国家庭里给一位中年妈妈和其上初中的儿子做中文家教。中年妈妈和儿子一起学习中文的原因是，孩子的爸爸由于工作需要被派遣到中国了。这位妈妈不得不放弃自己目前的管理岗位，随同丈夫、孩子一起出国。她需要提前做好中文学习等各种准备，以便到了中国后，也可以在生活等方面照顾好丈夫和孩子。聊天时，我可以感觉到她很热爱自己的事业，但是为了家庭，只能将这份热爱埋在心底。

韩国女性的社会地位一直是受到外界关注的话题。其中，《82 年的金智英》就很贴切地反映出了韩国女性地位的现状。但是这部片子也引来了大批韩国男性的诟骂。这也从侧面反映出,韩国女性在韩国社会中确实处于弱势地位,在职场生活中也会比男性更加吃力。

职场中的年龄趣事

在中国,一般说自己年龄的时候都喜欢往小了说,但是我在韩国的时候,喜欢把年龄报大一点,因为报大一点,做事会方便很多。之前提到,韩国人见面第一句话都是问年龄,所以这是个按照年龄进行阶级排序的国家。年龄就算大一岁,也会产生优越感。而且,可以说是年龄大,办事更方便,甚至可以决定生意上的成败。有一次,我带着一位客户去韩国拜访材料供应商。客户是一位年轻漂亮的女强人,毕业于中国高校,且有就职于大型国企的经验。工作 10 年左右之后,她靠自己的实力在上海开了一家自己的工厂。她需要采购韩国的材料,邀请我陪同做翻译。我们拜访的是一家韩国知名大企业,和相关部门开会介绍的时候,客户作为总经理,以自己过强过硬的技术背景,赢得了这家公司参会人员的认可。会议结束后,公司安排了晚餐。吃饭伊始,在场的诸位便都报出了自己的年龄。当客户说自己 35 岁的时候,在场的韩方人员都感到非常惊讶。才35 岁,还是女性,怎么就可以创立自己的工厂?是不是富二代呢?当客户告知她完全是自己创业时,对方人员显示出无法相信的表情。加之客户的年龄比韩方在场的年龄都小很多,更引起了对方的疑心。晚餐结束后,客户便失去了这个项目。之后,我便给客户解释了韩国的一些文化状况,并建议客户,下次再拜访韩国合作公司的时候,可以适当将自己年龄报大一些。没过多久,我就接到了她的反馈。她说后面几次去拜访相关公司的时候,故意把自己的年龄报大了一些,发现确实在商务交流上更顺畅了。所以,年龄大一点,在韩国是很好的。

别走！继续喝！

中、日、韩作为相邻的国家，都存在悠久的酒文化历史。在初期的时候，韩国的酒文化让我适应了好久。尊卑秩序在韩国酒文化当中，体现得淋漓尽致。在韩国喝酒的时候，必须遵从"面对长辈或者前辈喝酒要转身 90°左右喝""自己不能给自己倒酒，要经由别人之手来倒""眼力见儿要时刻在线，看见对方喝掉了酒就立刻主动倒酒"等规矩。这几点做不到，会被认为很不礼貌。

我第一次和教授喝酒的时候，与教授碰杯之后，就当面一饮而尽。之后，教授语重心长地对我讲，在韩国，和长辈或职位比自己高的人喝酒的时候，需要转过身再喝，否则会被人嫌弃。说完后，还给我做了示范。并且补充道，喝酒的时候，一定要眼观八方，看到对方的酒没了就要马上主动双手为对方倒酒，生活中如此，职场上更是如此。在中国，喝酒的时候，喝酒礼仪做好了是加分项，但是在韩国，喝酒的礼仪完全成了要具备的基本素质。不懂酒场礼仪的人，在职场上会碰壁。作为外国人，如果懂得韩国的喝酒文化的话，对于融入社会以及职场交流，都可以称作强助力。其实在喝酒的时候，彼此之间互相倒酒确实可以起到气氛破冰的效果，一来二往，更容易增进交流与情感。而且韩国人喝酒一般都会分成好几场。我第一次被韩国友人们邀请喝酒的时候，先去了烤肉店，一边聊天一边喝酒。2个小时之后，我以为可以结束了，但我们又去了一个小酒吧喝酒。我们在小酒吧里待了 1 个小时左右。我觉得这下应该结束了吧。事与愿违，从小酒吧出来之后我们又去了一个大酒吧，就这样一直喝到了凌晨 3 点多，中间一共换了 3 个地方。之后了解到，在韩国出来聚餐喝酒的话，一般至少会有 2 场，一场结束就回家的话，多半是会被嫌弃的。

韩国的饮食

我是一个不折不扣的"吃货",所以,在韩国那么多年,免不了探索各种食物。在这里我重点想讲几种从一开始无法下咽到最后喜欢享用的食物。

第一种食物便是泡菜。韩国的泡菜分很多种,基本每家餐厅都会免费提供。在韩国餐厅,无论吃什么类型的料理,都会出现泡菜。泡菜里面有一种腌制的苏子叶,我吃第一口的时候,满脑子在想,怎么会有人拿这种叶子作为食物。曾经有很长一段时间,我将其拒之于千里之外。然而,在韩国住了几年之后,偶然之下,我又尝试了一下,发现它的味道并没有那么糟糕,然后就慢慢喜欢上了。

第二种食物便是拉面。关于拉面的定义,中、日、韩不太一样。提起拉面,很多中国人都会想到兰州拉面。日本也有日式拉面。韩国的拉面则是方便面。刚到韩国的时候,一起上课的韩国同学要请我吃饭,我很开心地答应了。到了餐厅之后,我发现上来的是泡面,对于在中国一般只有不得已的情况下才吃泡面的我来说,觉得韩国有专门的餐厅经营煮泡面真的是一件神奇的事情。后来,我发现,泡面有各种吃法,可以与年糕一起用辣酱拌一下,也可以用铁锅煮,最适合喝酒后吃,还可以在吃火锅的时候放进去一起吃。慢慢地,我习惯了吃泡面,很长时间不吃还会十分想念。

说到面食,不得不提韩剧中经常可以看到的炸酱面。其实,韩式炸酱面在韩国是日常生活中人们最基本的饮食选择。其价格低廉,店面遍布大街小巷,类似中国兰州牛肉拉面在国内各大街小巷遍地开花的情况。刚到韩国的时候,我和韩国朋友一起吃炸酱面,韩国朋友突然问我:这个炸酱面在中国很多吧?你们在中国经常吃吗?这问题着实让我思考了一会,然后我回答道："这个炸酱面吧,我在中国还真没有吃到过!"中国有炸酱面,但其味道和做法与韩国有很大差异。出于好奇,我了解了一下韩式炸酱面的历史。炸酱面据说最早出现于中国华南地区和香港等地方,经过长时间的发展,口味已经按照韩国当地人的口味进行了改良。到了今天,摇身一变,成为具有韩国特色的一道物美价廉的日常美食。

我特别喜欢苏轼的一句词:"万里归来颜愈少。微笑,笑时犹带岭梅香。"出国留学,到达一个陌生的国度,最好的方法就是了解当地的文化习俗,并尽快适应和熟悉。这样,才能事半功倍地完成自己的学业,并且在微笑当中度过异国生活。希望此篇随笔,可以给有需求的读者,在访韩事宜上提供些许微薄的帮助。

(赵昕润,POSCO上海营业所销售主管,曾留学韩国加图立大学,获得国际关系学硕士学位)

韩国的生活日常——曾茂

来韩10年,是艰辛求学的10年,也是开阔视野、感受中韩文化碰撞的10年。这份弥足珍贵的经历,使我可以自信地走到今天,走向未来。

长幼尊卑——垂直的社会关系

韩国是一个长幼有序、十分重视长幼尊卑的国家。从年龄的大小,到社会地位的区分,韩国社会当中存在着一套韩国人普遍认同的价值观,即长幼尊卑、社会地位等级尊卑。简单举例,对自己年长的人,要使用敬语,非特殊情况不能使用平语。见到长辈、教授、领导,一定要弯腰鞠躬问好。在学校见到前辈,要主动上前鞠躬问好。这些小小的细节成为一种生活习惯和常态。

　　我在东国大学国际学生中心做行政助教的时候,走进办公室的第一件事,就是以90°鞠躬向2位办公室主任问好。下班的时候,也要以同样的方式向2位老师鞠躬道别。工作的时候,如果有更高级别的领导或者教授来访,要第一时间起立问好。记得有一次在国际交流处,处长来我们办公室,他一走进来,办公室所有老师都瞬间齐刷刷地站了起来,向他鞠躬问好,非常整齐划一,就像事前排练过一样。

　　还有一件事,令我感触非常深。有一次下午下班之前,老师们叫了外卖比萨饼,稍做休息。当时我正好要下班,但就在这个时候,比萨饼到了。老师们说"过来一起吃吧",我说我还有事,先回家了。这看起来是非常正常的一件事,但我现在才知道,这样拒绝,大多数韩国人会觉得你不合群。在韩国,长辈或者前辈说一起吃的时候,最好一起吃。因为在韩国,固有的思维是以长辈、前辈、地位高的人为先为主,以自己为后为次。

　　也正是基于这样一种长幼尊卑、垂直的社会关系,在和比自己年长的人打交道的过程中,先人后己、以长者为先、以长者为主的思想可以说是韩国人言行举止的标准。当然现在也有一些年轻人并不愿意遵守这些传统观念,但这种观念毫无疑问是现在普遍贯穿于韩国社会的。

　　都市里的萨满教——韩国的宗教

　　韩国是一个宗教自由的国度,主流的宗教有基督教、天主教、佛教等。有人说,想知道自己骨子里是什么宗教的话,就看自己在最危难的时刻想到的是哪位神。中国人多半都会想到佛教、道教,而在韩国,萨满教①则可能是被第一个想到的。我

---

　　①　萨满教是一种原始的宗教,相信万物有灵和灵魂不灭。流行于亚洲和欧洲的北部等地区。萨满是萨满教巫师的通称。

曾在学校的学生里做过调查,很多学生虽然信基督教或者天主教,但是让他们画出在真正遇到危难的时候心中所想的那位神灵时,大部分人画出的神灵都是东方面孔。

韩服、韩国的传统舞蹈、建筑等,很多都有萨满元素。在韩国佛诞节,我参观了"燃灯节"庆典。"燃灯节"上舞队的衣服大部分都是韩服,灯的颜色设计等都充满了萨满元素。虽然佛诞节是佛教的节日活动,但是每个方阵的舞队跳的舞蹈都是韩国传统的舞蹈,舞步更倾向于高丽时代就存在的八关会(向上帝祈愿太平盛世的活动)舞步,包含韩国传统的太平舞、假面舞、驱邪舞、长鼓舞等元素。印度、中国、日本、韩国都有佛教,但是韩国的佛教节日十分具有韩国特色,这要归因于其传统的萨满教文化。

我在读研究生期间,选修过一门韩国文化课程。教授说,韩国的文化,都是围绕一个"恨"字诠释的。萨满的元素就是一种"恨"的释放形式。所以,韩国的文化元素更偏向于无规则可寻。就拿传统的建筑设计来说,中国的设计更讲究对称、方正,而且更崇尚人可以征服自然。比如,喜欢一棵树,就把树移到自己的院子里;喜欢山,就在院子里建一座假山;喜欢湖水,就在院子里造一个池子。而韩国的建筑,则更体现出在自然中随性释放的理念。比如,喜欢这棵树,那么就用围墙把这棵树围起来,围墙的石头往往都是无规则堆砌的;好多亭子的木头柱子都是不经修饰直接使用的。

在日常生活中也可以发现萨满元素。我曾在一家韩国烤肉店里打工,下午 3 点刚开业的时候进来了一桌客人,小菜都上好了之后,他们突然不吃离开了。老板娘是一位韩国大婶,遇到这样的事情非常生气,立马拿了一把粗盐撒了出去,嘴里还念叨着除霉运之类的。这些都可以体现出韩国日常生活中萨满元素的存在。甚至是在韩国年轻人最喜欢聚集的夜店里，也会出现萨满元素。有一次晚上下班路过夜店门口，就看见门口摆着一个大猪头，插着蜡烛，和时尚的街道格格不入。打听了一下，说是夜店里出了事情才这样。可见，韩国萨满文化可以很好地融入现代时尚，且与之并存。

短暂的婚礼——效率优先

我在韩国生活期间，参加过很多次婚礼，有韩国朋友的婚礼、韩国同事的婚礼，最近还参加了学妹和韩国人的婚礼。参加了这么多次韩式婚礼，让我感触最深的就是韩国婚礼的效率。韩国的婚礼一般选择在中午举行，整个婚礼进行的时间，从开始到结束最多不超过 1 个小时。而且韩国婚礼只有午餐，没有晚餐。餐厅是统一的，都是自助餐，菜品比较丰富，肉类、海鲜、蔬菜等都有。只是餐厅里往往聚集了好几对新婚夫妇的客人，所以大家也都比较自觉地吃得较快，以减少用餐时间，让下面婚礼的客人有席位就餐。有时候遇到比较特殊的好日子或者节假日，有可能预订不到席位，那么会在晚上举行婚礼。总体来说，无论是中午进行，还是晚上进行，韩国的婚礼都会在 1 个小时之内结束。

韩国婚礼的流程也相对简单，由主持人主持，新娘的父亲牵着女儿入场，新郎新娘相互宣誓，互戴戒指，向双方父母致谢，然后邀请一位朋友为新婚夫妇唱祝歌，最后亲朋好友合影留念。这样形式固定、时间短暂的婚礼仪式，似乎少了些许热闹、欢乐的气氛，但是能看到韩国人注重效率、节约时间的态度。参加婚礼的人也非常方便，下午和晚上还可以安排其他事情。毕竟在现在都市的快节奏生活中，周末、节假日的时间对于普通人来说显得更加重要，人们也就更加注重仪式的效率和便捷。

冬天里的裙子——注重外在形象

身在韩国,随时随地都能感觉到韩国人对外在形象的重视。女生出门前要用1个小时的时间装扮自己,从做发型到护肤,再到化妆,可谓步步精心,少一道工序都不能出门见人。

我在韩国教中文的时候,就经常在上课时看到有个别女生戴着帽子和口罩来上课。我问她为什么要戴帽子和口罩,得到的答复是"没来得及化妆",或者是"没有洗头、打理头发"。还有一次,在课间休息的时候,一位同学问身后的女生:"你平时为什么都不化妆?"这个女生是全班唯一一个不化妆的女生,显得格外突兀。听到这问话,我非常吃惊。后来了解到,韩国女生从初中、高中开始就会化妆,如果不化妆,很多时候会引来别人异样的眼光。就连现在大部分韩国男生,也会在早上出门之前洗头吹发,打上发蜡,抹上护肤品和防晒霜,搭配合身、符合场合的衣着。这已经成为他们每天出门必备的工序。

另外一件引人注意的事,就是很多韩国女生都喜欢穿裙子,即使是在-10℃以下的冬天,街头也随处可见穿裙子的女生。我曾经问过我的韩国同事,韩国女生为什么这么爱穿裙子,她们都不冷吗?她告诉我,她年轻的时候也这样,因为漂亮。但是现在工作了,年龄也大了,就不会这样了。韩国人会通过个人的穿着打扮,来判断其经济实力、内在涵养、知识水平等。所以,用好的外在包装自己,在韩国显得尤为重要。

众所周知,韩国的整容技术风靡亚洲,韩国的化妆品也畅销全球,三星、LG的液晶屏全球领先,现代、起亚汽车的外观设计也十分出色、精致。韩国人对于外在美的追求,对于美丽形象的重视,可以说已经成为韩国文化的代名词。当我们不经意间提到韩国的"欧巴""欧尼"时,脑海中浮现的应该都是帅气、漂亮、精致的形象。

（曾茂，韩国东国大学韩国语教育专业博士，韩国庆熙大学孔子学院讲师）

韩国留学记忆之租房秘籍——张雷生

　　租房是海外留学生活中极其重要的一环，能够寻找到一个价位合理、安全、清静的住处是一件非常惬意的事。但是，由于国外学校后勤实行完全市场化运营及学校地理位置带来的地价昂贵等，学校宿舍数量严重不足，并非所有学生都可以住在校内宿舍，而是需要自行租住房屋，零零散散地居住在学校周边居民区。这给海外留学生活带来了一系列安全隐患。

　　房子难找、价格昂贵、空间狭小、人员混杂、空气闷沉沉、饮食质量低劣……这是 2018 年，我在留学期间利用假期走访在韩中国留学生住宿情况时，听到的他们对于居住现况的最真实、最客观的描述。"难、贵、小、杂、闷、劣"被广大留学生笑称为韩国留学期间租房子的六大"亮点"。对于国内众多没有到过韩国的人而言，肯定无法想象这竟然就是留学生在韩国的居住环境。

　　对于没有申请到学生宿舍或希望拥有更多独立空间的留学生来说，在校外租房是解决住宿问题的唯一选择。在韩国留学租房子难几乎是公开的秘密，尤其是在新学期开学前后（韩国人称为"搬家季节"），学生在校园里遇见熟人打招呼时就问"房子找着了吗"。由此可见，在韩国找到合适住房的难度十分高。

　　房子难找究竟"难"在了什么地方呢？首先，申请学校宿舍非常困难。韩国高校，尤其是首都圈、首尔市内的高校，学校内的宿舍数量极其有限，竞争非常激烈。再加上学校为了完成每年的招生计划，维持学校的生存大计，拼命招收外国留学生，导致这几年随着外国留学生的不断增多,学校宿舍越发显得捉襟见肘。所以,只能给那些学习成绩特别优异的和家庭有特殊困难的学生提供宿舍。另外,只有硕士、博士班的奖学金获得者和从事博士后研究课程的学生才基本上能保证住进大学宿舍,语言研修生几乎不可能申请到校内宿舍。以延世大学所处的新村洞地区为例,其地处首尔最繁华地带,周围还有梨花女子大学、西江大学、弘益大学、祥明大学等七八所高校,众多的大学生人群再加上其地理位置的特殊性直接导致了租住房屋的难度增加。

租房子的价格也相当昂贵。在韩国租房主要有无保证金、租金预付、月税、全税 4 种租赁类型。类型的不同,会影响到房租的高低。第一种是无保证金(抵押金)或有低额保证金的房子。这类房子租住期间,房东只收小额的保证金,一般是将一个月的月租交给房东作为押金,然后每个月开始时支付月租,即整个租赁期间,房客在每个月开始时先将本月房租付给房东。第二种是租金预付的形式,即租房子无须保证金,而是事先将一段时间的租金(比如一年的房租)一笔付清。第三种是比较常见的月税。月税这种租赁形式在单身公寓的租赁中最为常见。房客要交一定数额的保证金,通常为 10—20 倍的月租金(具体保证金数额以与房东协商结果为准),然后每个月定期交月租,合约期满后返还保证金。第四种是比较具有韩国特色的全税,即在租赁期间将相当于所租房屋价格一半以上的钱交给房东作为保证金,其间无须再交租金。租约期满后房东返还保证金。

具体到房子的形态,比较常见的有以下几种。

第一种是学校宿舍。韩国大学校园宿舍的形态包括仅提供房间的、备有厨房的独门独户型等多种类型,同时还可以选择 2 人间、4 人间等。另外,宿舍也分为包括和不包括饮食,以及提供和不提供体育用品、综合社交室、图书馆、电脑等设施设备。宿舍费用根据地区、房间的形态以及人员数量也会有所不同。不提供饮食的宿舍一般一学期(3 个月)75 万—130 万韩元,一般是 2—4 人一间,需要自付水、电、电话等费用,冬天还要交取暖费。

第二种是民宿,即与韩国家庭合住一个单元房,合用卫生间和厨房。选择民宿可以以自然和亲近的方式接触韩国人生活的方方面面,充分感受韩国人的生活环境,有更多机会练习听力和口语。这对年轻的学习语言的学生以及来韩短期研修的群体来说,是非常有魅力的。但是由于是与多人共同生活,个人隐私方面的保护就略显不足。民宿往往多集中于学校附近,学生可以通过学校的告知栏等获取信息。找房子的话,通常先电话预约,然后直接登门造访,确认房间内部条件,与房主商谈后即可入住,并没有特别的手续。

第三种是寄宿(下宿)。寄宿是民宿的一种形式,是指为了让那些离开老家到外地求学的人方便住宿,向其提供家庭式住房和饮食的居住形态。房东拿出一两个楼层租给学生居住,每层 4—7 个房间,每间房 5—7 平方米,室内基本没有任何东西,空空如也,所需家具电器等由住户自行准备。房租每月 25 万—30 万韩元,设有公共卫生间、洗漱间和厨房,可以自炊,也可由房东提供早、晚两餐,餐费每月 7 万韩元左右。两个人合租一间房比较经济实惠,每人平均 15 万韩元左右,如果含两餐,每人 25 万韩元左右。寄宿的房屋普遍规模较小,是学生们常采用的一种居住形态。房租一般是每月初支付,不同的寄宿条件房租会有所不同。寄宿一般会提供饮食。这种居住方式对外国留学生尽快适应韩国的饮食有所帮助。

第四种是单间,即微型单元房(one room)。房间面积大约6—10平方米,室内有独立卫生间和煤气灶,24小时供应热水,配有简单家具,如单人床、书柜、写字台桌,冰箱和彩电由住户自己购买。在诸多居住种类中,此种住房是条件最好的一种。因此,租金也最高,一般每月在30万—50万韩元之间,且一次性交给房东十几万韩元的押金。停租时,房东会如数退还押金。如果房间在10平方米左右,可以两个人合租,房租则上涨10%—15%。付费方式基本分为两种,一种是一次性支付较多的保证金入住,合同到期后,如数返还保证金;另一种是支付较少的保证金,每个月另行支付月租,合同到期后,如数返还保证金。

第五种是考试院,顾名思义,就是专门为准备考试的人准备的房子。韩国是个注重考试的国家,考试名目非常多,很多学生包括一些在职人员,每逢要考试的时候,或想要集中精力复习时,便会暂时居住在学校附近的考试院,专心备考一段时间。考试院就是学校附近的一些低矮的楼房。这些楼外观很破旧,也不像正规的租屋,进出的人却不少。考试院里面被分成一个个的房间,房间里是通铺,房租非常便宜。考试院的房间很小,仅仅可以容纳供人睡觉的空间。在韩国很多大学附近,这样的考试院都很有市场。考试院的环境非常不好,甚至可以说是极其糟糕,而且由于来往人员混杂,最近一两年里,外国留学生遇到的事故大多发生在考试院里,其安全性令人担忧。

留学生可以通过学校、网络、中介、报纸等多种方式寻找校外住房。获取校外住宿信息的途径主要有以下几种。

首先,通过学校资源获取信息。通常学校附近会有很多出租房,而且寄宿类住宿也多集中于学校周边。学生可以通过学校的告知栏等获取这方面的信息,寻找适合自己的住房。韩国的各大学基本都设有为国际学生服务的机构,如外国留学生两合会、在韩中国留学生联合会学校分会等。留学生可以通过机构的帮助找到适合的住所、履行租房合同。留学生还可以通过学校的网站寻找住房。

其次,留学生还可以通过报纸、网络等得到关于房地产中介的信息,通常这类中介专门负责从合同到居住的服务。初到韩国的留学生可以通过英文报纸获得此类信息,也可以通过国际学生办公室得到相关网站的网址。

关于租房安全注意事项,我在此提醒大家,在签订合同时,应在合同中对细节进行明确的规定,如付款方式、期限、租金数额、保证金数额、支付余额的方法、合同期限、入住时间等。合同的期限可以与房主协商,一般来说全税合同为期 2 年,月税合同从数月到 2 年不等。在签订全税合同时,一定要确认对方身份证上面的名字,确定合同签订者和房产拥有者是同一人,并确认合同里是否设定了有关房屋或土地的抵押事项。签订完合同,交完保证金,得到收据后,应将相关文件复印,一式三份,由房东、房客和证人(或中介)分别保管。申请登记日确认书、租房合同等文件十分重要,应妥善保管,以备不时之需。

留学海外,衣食住行是顺利完成学业最起码的保障,作为留学生活中至关重要的一个环节,大家在租房子时要注意租住房屋的安全性。选房子时尽量注重周边环境和房间安全方面的条件。另外,无论是白天还是晚上,要养成回到房间后随时锁门的好习惯,且不要轻易开门。如果遇有陌生人或自称修理电话、水管的人员访问时,即便有约在先,也要在对来访者进行确认后方可开门;如遇推销员,可委婉拒绝,不要因为来者为女性而减少戒心;若请外人到屋内修理物品,最好有朋友陪伴,或告知邻居、房东。

近段时期以来,随着国家留学政策的进一步放宽,大批学子踊跃走出国门,到海外接受教育,海外留学生的数量与日俱增。与此同时,海外留学生安全事故也频繁见诸报端,非正常死亡案例时有发生,留学生的安全问题成为社会广泛关注的焦点。为此,中国教育部、外交部、公安部以及驻外使领馆等相关部门不断发出警报,希望海外学子在留学期间能够增强防范意识,注意人身、财产安全,避免安全事故发生。

希望我留学期间的假期走访实录,能揭示海外学子的住宿现状,从而提醒广大海外留学生提高警惕、增强安全防范意识。同时,也提醒那些即将走出国门留学、对海外留学充满憧憬与梦想的学弟学妹,以后去海外留学期间能够时刻绷紧"平安留学"这根弦,争取早日以优异成绩圆满完成学业,顺利实现报答父母、报效国家的美好愿望。

（张雷生,吉林大学高等教育研究所副教授,曾留学韩国延世大学,获得教育行政学博士学位）

参考文献

一、中文文献

[1] 吕春燕,赵岩.韩国的信仰和民俗[M].北京:北京大学出版社,2010.

[2] 赵恒录.韩国概况[M].王倩倩,译.大连:大连出版社,2010.

[3] 杨雨蕾,魏志江,蔡建,等.韩国的历史与文化[M].广州:中山大学出版社,2011.

[4] 池水涌,金哲.韩国概况[M].北京:世界图书出版公司,2010.

[5] 孙大俊.走进韩国:韩国文化风情读本[M].苟振红,译注.北京:北京大学出版社,2009.

[6] 王晓娟.旅游服务礼仪[M].西安:西安交通大学出版社,2012.

[7] 刘祥柏.世界港口与航线[M].北京:北京交通大学出版社,2010.

[8] 李丹.韩国语敬语词与儒家礼文化关系研究[M].北京:中国社会科学出版社,2017.

[9] 张光军,江波,李翙燮.韩国的语言[M].北京:北京大学出版社,2009.

[10] 张文江.韩国的政治和外交[M].北京:北京大学出版社,2009.

[11] 金厚联,朴正源.韩国的软实力和公共外交——以世宗学堂为中心[J].当代韩国,2013(4):74-85.

二、韩文文献

[1] 홍일식.한국민속대관:전6권[M].서울:고려대학교민족문화연구소,1982.

[2] 최인학.옛날이야기꾸러미[M].서울:집문당,2003.

[3] 이홍식.국사대사전[M].서울:한국사전연국사,2007.

[4] 최광식.한류로드[M].파주:나남출판,2013.